未來學校
重新定義教育

未來學校

重新定義教育

朱永新 著

中和出版
OPEN PAGE

序 言

　　每天清晨，在路上，行色匆匆的，很多是學生。

　　步行也好，乘車也罷，學生總是那麼急吼吼的，想趕在上課的鈴聲響起之前到達學校。

　　每一節課，每一個學生，不管願意不願意，不管對講課的內容熟悉不熟悉，都要循規蹈矩地坐在教室裡，一憋就是整整45分鐘。下課之後，上個廁所，短短10分鐘，接着又是一節課。週而復始。

　　每年九月，一批同年的新生跨入校門。

　　每年七月，一群同年的畢業生離開校園。鐵打的校園，流水的學生。

　　書本，翻來覆去。學生，人來人往。

　　每逢寒暑，師生都有寒假、暑假。「刀槍入庫」，各自安排。

　　這，就是我們熟悉得不能再熟悉的學校生活。

　　你有沒有想過，這樣的學校生活，是天經地義的嗎？

　　你有沒有想過，這樣的學校生活，在未來的某個時候，不

再繼續，學生再也不需要按部就班、整齊劃一地出現在同一個校園、同一間教室，學習的時間完全由學生自己決定，學習的內容完全由學生自己選擇？

我相信，在不遠的未來，這一切，很可能會變為現實。

我相信，今天的學校會被未來的學習中心取代。

這，就是我在本書中提出的對未來教育趨勢的預判。

我相信，我們今天覺得天經地義的學校生活，因為互聯網，因為信息技術的發展，會在潤物無聲的改變中，發生翻天覆地的變化。

在本書中，我想說的僅僅是互聯網對未來學校形態的改變，以及進而引發的教學模式的改變。

我相信，未來的某個時候，人們會覺得我們今天看來好像天方夜譚的「學習中心」，是那麼順理成章。

未來，物理形態的學校，鋼筋水泥、磚瓦花木，依然如故，保安可能還會有，圍牆也可能依然在，但是，傳統的學校不再是唯一的學習場所。說到學習，大家馬上想到的不是「學校」，而是「學習中心」。

未來的學習中心，沒有固定的教室，每個房間都需要預約。

未來的學習中心，沒有以「校長室」「行政樓」為中心的領導機構，表面上看，可能有點像今天北上廣的創業孵化器。

未來的學習中心，可以在社區，也可以在大學校園，類似於好未來、新東方這樣的培訓機構，也可以成為學習中心。

未來的學習中心，沒有統一的教材，全天候開放，沒有週末、寒暑假，沒有上學、放學的時間，也沒有學制。孩子可以8歲上學，也可以5歲或者12歲上學；15歲的孫子可以跟75歲的爺爺在同一個課堂上同樣的課；年輕的父母也可以與自己的孩子學習同樣的內容。

未來的學習中心，教師是自主學習的指導者、陪伴者，一部分教師將變成自由職業者，「能者為師」將使今天的教師資格證變成歷史。

未來學習中心，是本書貫徹始終的話題。在本書中，我打算集中圍繞「學習中心」跟大家探討八個問題。

學習中心，長甚麼模樣？

學習中心，誰來學？

學習中心，誰來教？

學習中心，學甚麼？

學習中心，怎麼學？

學習中心，怎麼評價學得好不好？

學習中心，父母應該做甚麼？

學習中心，需要政府幹甚麼？

這些問題，近年來一直盤旋在我的大腦中。因為，我發起了新教育實驗，需要看清未來教育的方向。所以，在過去幾年的演講中，我或多或少地都提過這些問題。朋友們鼓勵我，讓我把對未來學習中心的想法，系統地整理出來，拋磚引玉，呼籲大家一起探討未來教育的發展趨勢，迎接未來，擁抱未來，為未來做好準備。

方向比努力更重要。我希望本書的讀者，不僅限於教育工作者，父母們也可以讀讀本書，所有教育共同體之外的朋友，都能參與未來學校生活的討論。因為，當傳統的學校被未來的學習中心取代時，學生和老師之間的關係、教育工作者與非教育工作者之間的關係，都將被顛覆，換個場景，馬上就變換了身份。

最後，我說說本書寫作過程中發現的四個問題。

寫作的過程，是一個不斷思考、討論和深化的過程。當我跟朋友們討論「未來的學校將被學習中心取代」的時候，朋友們問了四個問題，我覺得這四個問題，很可能也是讀者捧讀本書時的疑問。在這裡，我簡單答覆一二。

第一個問題：未來，到底有多遠？

抱歉，我無法確切地回答，未來，究竟是 5 年、10 年還是 15 年。

我想，通往未來的教育趨勢，不會像社會革命一樣，一夜之間風雲突變。相反，它潤物無聲，如同一天天長長的指甲，幾年間變白的頭髮，你如果天天盯着看，甚麼也看不見，但是，它在變。

　　教育變革，雖然不像社會革命那樣，有強烈的人為干預的色彩，但是如果我們主動迎接、主動介入通往未來的教育趨勢，這個趨勢就可能會向着我們期待的方向發展。這就是我寫作本書的初衷之一。

　　所以，我們與其追問未來到底還有多遠，不如關注可能影響未來的每一個小小的趨勢性變化。

　　第二個問題：未來學習中心，是一個「應當如此」的理想，還是一個「肯定如此」的預判？

　　的確，本書對於未來學習中心的構想，是我的教育理想，是我對於教育「應當如此」的思考。但是更多的，是我對未來教育的預測與展望，是對於教育「肯定如此」的合理預期。

　　其實，類似未來學習中心的模式，從 20 世紀起就已經在世界各國悄然出現：無論是美國聖地牙哥的高中，還是澳大利亞悉尼的學習創新中心；無論是瑞典的維特拉學校，還是芬蘭的森林學園；無論是提倡自主學習的美國瑟谷學校，還是進行課程重構的密涅瓦大學；當然，就在我生活的北京，也有聞名遐

邁的探月學院。未來學習中心，在局部地區已經從「應當如此」的應然理想，發展為「肯定如此」的必然現實。

行是知之始，知是行之成。我不是「未卜先知」的算命先生，我對未來教育趨勢的預判未必準確，但我的預判是從現實和實踐出發的。

第三個問題：我所說的「未來的學校將被學習中心取代」，這裡的學校，說的是中小學嗎？是否包括大學？

我想，朋友們之所以提出這樣的問題，可能是因為過去十幾年，我所倡導的新教育實驗，面向的都是中小學。

其實，我在本書中所說的「未來的學校將被學習中心取代」，不僅涉及基礎教育，也涉及學前教育、職業教育和高等教育；不僅涉及學校教育，也涉及家庭教育、社會教育、終身教育，是一個從搖籃到墳墓的過程。在一定程度上，大學更有可能率先蛻變。

所以，從教育內容到教育方法，從教師隊伍到評價體系，我全部進行了預測和重構。

第四個問題：本書是不是一本學術專著？

所謂學術專著，就是理論上有重大意義，或者實驗上有重大發現的學術著作。

學術專著的特點是，首先要符合通常所說的學術研究規

範。如果按照這個標準看待本書，我誠實地回答大家，這不是一本嚴格意義上的學術專著。但是，本書肯定不是傷春悲秋抒發情感的散文隨筆，本質上，它是我從事教育學術研究的成果。

本書最初是按照學術著作的套路寫的，而且寫了很久，寫得很長。但是，我的好朋友、著名媒體人章敬平先生一再提醒，本書需要影響的最重要的群體是普羅大眾，而不是專家學者。於是，我重新構思，刪繁就簡，壓縮成現在的模樣。同時，我也正在準備寫一本關於未來學校的學術著作。

我不能保證我所說的都是對的，但我保證，我說話的態度是嚴謹的。

1600 多年前，佛學大師鳩摩羅什在臨終之前，跟大家發誓：如果我所說的，不是胡扯八道，火化之後，一定「舌不焦爛」。

我等凡夫俗子，雖不能至，心嚮往之。

目 錄

第一章

今天的學校，
會變成明天的「學習中心」

知曉歷史，方能洞察未來。

在我們進入本書的主題「未來的學校將被學習中心取代」之前，讓我們簡單回顧一下學校的歷史，看看今天的「學校生活模式」究竟由何而來？它有甚麼好處，有哪些問題？我們的教育先賢對我們的學校發出過怎樣的聲討，又提出過怎樣的變革主張？

我想，當你走馬觀花地了解了學校的歷史，你就容易理解，互聯網為甚麼能讓學校生活模式發生變化，未來的學校為甚麼會被學習中心取代。

今天的學校生活，不是天經地義的

今天的學校生活是天經地義的嗎？

不是的！

人類的教育一開始就是今天這樣的面貌嗎？

不是的！

學校的形態就永遠固定在今天這個樣子嗎？

答案無疑也是否定的。

人類本來是沒有學校的

人類不是一開始就有學校的。學校是人類發展到一定階段的產物。

人類的學校，從古至今，再到未來，大概可以分為四個重要的歷史發展階段。

一是前學校階段（pre-school period）——原始部落耳提面命的教育就屬於這個階段。

二是學校階段（school period）——公元前 3500 年古巴比倫兩河

流域蘇美爾人的「泥版書屋」，公元前 2500 年古埃及的宮廷學校，我國父系氏族末期的「成均」和「庠」，都是學校階段的代表。

三是現代學校階段（modern school period）—— 隨着工業革命應運而生的現代學校，按照夸美紐斯的班級授課制構建，有統一的教材、教學大綱、上課時間、教學內容、課程設置。

四是後學校階段（post-school period）—— 這就是未來的新型學校，嚴格意義上說也可以不稱為學校，而是本書將要詳細討論的學習中心。

現在，讓我們一起看看學校的演變過程。

大家知道，原始社會教育的特點是「兩個沒有」—— 沒有固定的教育場所，沒有專門從事教育的專職人員。

原始社會的教育過程，完全是在生產勞動的過程中進行的，教育內容最初就是漁獵和農耕等勞動技術的傳授，正如傳說中的「燧人氏教民鑽木取火」「伏羲氏教民結網捕魚」「神農氏教民製耒耕作」一樣，那時雖然有教育活動，但是沒有學校這種形態。

到了原始社會的末期，隨着生產力的發展，原本存在於社會生活中的教育逐漸分化出來，出現了學校的萌芽。

關於世界上最早的學校，學界有不同的說法，有的教育史教材中採用蘇聯教育史學家米丁斯基的說法，認為建於公元前 2500 年的古埃及的宮廷學校是人類有史可稽的最古老的學校。

但最新的研究認為，世界上最早的學校誕生在古巴比倫，法國考古學家在兩河流域發現的蘇美爾人的「泥版書屋」存在於公元前 3500 年左右，應該是目前發現的世界上最早的學校遺址。

中國作為四大文明古國之一，也是世界上最早出現學校的國家之一。有人根據傳說認為，父系氏族末期的「成均」和「庠」是我國學校的萌芽。

「成均」是樂師日常演奏唱歌的地方，貴族子弟都要在這裡學習音樂。

「庠」是儲存公共糧食的地方，由於生產力的進步，氏族中的老者可以不必參加繁重的生產勞動，而是轉為看管糧食或者飼養家畜，所以「庠」也是養老之所。

老年人有豐富的生產和生活經驗，在養老的同時還可以承擔傳授經驗的任務，所以「庠」也就成了教育場所。

但是，「成均」和「庠」還不能稱為正式的學校，只能說它們是學校的雛形。「成均」和「庠」的出現表明，隨着生產力的發展和社會分工的擴大，教育與生產勞動走向分離，成為一種專門的活動，教學需要在專門的場所進行，學校隨之出現。

到了奴隸社會，出現了真正意義上的學校，我國的第一個奴隸社會夏代的學校叫「序」和「校」。

「序」是設在王都的學校；「校」是設在地方的學校，即鄉學。

最初的「序」和「校」的教育內容與軍事目的相關。

「序者，射也。」作為教射箭的地方，「序」是奴隸主貴族子弟習射的場所。

「校者，教也。」作為進行軍事訓練的場所，「校」是習武之地。

到了商代，學校的形式有所發展，出現了針對不同年齡階段的學校，有了大學、小學的區別，教育內容也逐漸豐富，具備了「六藝」的雛形。

西方現代學校教育制度

西方現代學校教育制度是隨着工業革命的興起而出現的。

17 世紀中葉以後，隨着農業社會向工業社會轉變，以及資本主義生產力的發展和生產方式的變革，勞動者需要接受更多系統的、實用的學校教育，以滿足大生產的需要。與之相適應的義務教育制度和現代學校制度也應運而生。

捷克教育家夸美紐斯提出的班級授課制和學科課程制為新型學校的建立奠定了堅實的理論基礎。

他從普及教育出發，提出了建立統一學校系統的主張。他根據兒童成長的年齡特徵，把教育分為四個時期，每期 6 年，各設相應的

學校。

幼兒期（初生至 6 歲）是母育學校。

少年期（6～12 歲）是國語學校。

青年期（12～18 歲）是拉丁語學校（或文科中學）。

成年期（18～24 歲）是大學。

這種統一的學校系統，使兒童從出生開始接受教育，循序漸進，不設任何障礙，直到成年。

夸美紐斯第一次提供了整齊劃一、任務明確、相互銜接的完整的學制系統，這是學制史上的一次創舉，也成為後來西方學制的雛形。

19 世紀初，一套與工業社會相匹配的學校制度已經初步形成。

1862 年在北京創辦的京師同文館，是中國最早的外語學堂，也是中國第一所現代意義的新式學校。

中國第一個提出現代學校制度的，是晚清時期管學大臣張百熙。1902 年，他擬訂了《欽定學堂章程》。所謂欽定，就是「由皇帝親自裁定」，意思是光緒皇帝同意的。

可是，這個學校制度當時沒有來得及實行。

第二年夏天，清政府命張百熙、榮慶、張之洞以日本學制為藍本，重新擬訂學堂章程。

又過了一年，清政府終於公佈了新的《奏定學堂章程》。這一年，是農曆癸卯年，故稱「癸卯學制」。

不從事教育史研究的朋友，看到「癸卯」這樣的詞，可能會覺得理解起來費勁。如果覺得費勁，你可以忽略它，你只需要知道這個學制包括哪些內容就可以了。

　　那麼，有哪些內容呢？

　　請注意看名稱，我簡單列舉幾個。

　　《初等小學堂章程》。

　　《高等小學堂章程》。

　　《中學堂章程》。

　　《高等學堂章程》。

　　《大學堂章程》。

　　《蒙養院章程及家庭教育法》。

　　《初級師範學堂章程》。

　　《優級師範學堂章程》。

　　《初等農工商實業學堂章程》。

　　《中等農工商實業學堂章程》。

　　《高等農工商實業學堂章程》。

　　光看名稱，你大概就能明白，我們今天的小學、初中、高中、大學制度，最初是怎麼來的。上了年紀的讀者，如果讀過中專、大專、農校、師範之類的，大概都能明白，這些學制的源頭在哪裡。

　　我之所以不厭其煩地說「癸卯學制」，是因為如果要了解我們今

天的學校的歷史，這個學制實在太重要了。它涵蓋了從幼兒教育到高等教育，從普通教育到職業教育的完整系統。

我們說，現代中國的教育體系和學校制度，就是按照這個學制、這個章程建立起來的。

雖然中國沒有在西方社會進入工業革命時代的時候同步開始工業革命，但是西方工業革命帶來的現代學校教育制度被我們借鑒了。

應當承認，現代學校教育制度，為普及教育做出了驚人的貢獻。

現代學校教育制度，把教育從少數人的特權變成全體人的權利與義務，這是人類歷史上重要的革命性事件。

現代學校教育制度的建立，在中國教育史上，也是一個重要的歷史性事件。

要知道，100 多年前，中國還沒有真正意義上的學校，接受教育還是少數人才有的機會。因為那個時候的教育體系還是以私塾為主體，一直到 1904 年「癸卯學制」的頒佈推行，才開始了廢科舉、興學堂的改革。1910 年，國家教育機構頒佈《改良私塾章程》，私塾才逐步開始向近代小學過渡。一直到 1949 年新中國成立的時候，我國 80% 的人口還是文盲。所以，我們現在的學校其實歷史並不長。

我們今天的「學校生活」，來源於這個學制，跟這個制度密不可分，某種程度上，就是這個制度之下的果實。

100 多年後，這個果實已經不再像當初那麼甜美了。我們的教育

先賢，在歷史實踐中，不斷反思和批判這個制度的優劣，也在不斷構想新的體系，生產新的果實。

今天，我在本書中所説的，也是對這個制度進行反思、重構的一部分。

接下來，我們繼續探討，西方社會對現代教育制度的反思，以及對學校生活模式的批判。

對現代教育制度的非議

「非學校運動」（去學校化運動）使現代教育制度受到非議和挑戰

大概五六十年前，也就是 20 世紀 60 年代，世界教育發生了一個革命性的轉折。

這個轉折，是從美國開始的。

那時候，蘇聯人造衛星上天，美國人感到國家處於危險之中。

美國人開始反思：我們的科技為甚麼落後於蘇聯？落後的根源在哪裡？

答案是，在於教育的落後。

美國社會對於教育不滿的情緒空前高漲。

與此同時，西方一部分國家的學生運動風潮，進一步打破了人們對學校的美好期待。

人們逐漸認識到，學校並沒有像預期的那樣帶來經濟的繁榮和社會的進步，相反，學校是許多社會問題產生的根源。

許多人認為，學校不再是一個有價值的機構。

「非學校運動」就這樣興起了。

「非學校運動」的代表人物伊萬・伊利奇說：「多少代以來，我們企圖通過提供越來越多的教育，使這個世界更加美好。可是迄今為止，各種努力都失敗了。」

伊利奇是一個傳奇人物，他出生在奧地利的維也納，父親是南斯拉夫的天主教神父，母親是德籍西班牙裔猶太人。他是一個語言天才，精通英語、德語、西班牙語、意大利語和法語，還能夠使用克羅地亞語、古希臘語、拉丁語、葡萄牙語、北印度語等。

他也是一位有着多學科背景的學者，先後研習過人體組織學、礦物晶體學、哲學、歷史學和神學等，同時諳熟社會學、經濟學、人類學、政治學、法學和文學等。學識淵博的他，30 歲就當上了波多黎各龐塞天主教大學的副校長，後來又先後在墨西哥、美國和德國等地的大學任教。

1970 年，伊利奇把自己在 20 世紀 60 年代後期發表的論文結集出版為《去學校化社會》（Deschooling Society）。在這本書中，他明

確提出，現代學校不僅阻礙了真正的教育，而且造就了無能力、無個性的人，還造成了社會的兩極分化和新的不平等。因此，應將學校連同課程學習及其觀念一起廢除。

這本書的中文譯本由我的好朋友南京師範大學吳康寧教授翻譯，最初由台灣地區的一家出版社出版，後來大陸出版了中英文對照版。最近他重新翻譯的新版本也已出版。

在這本書中，伊利奇呼籲廢除學校對於教育的壟斷，應該使受教育者享有選擇教育的權利，成為積極的消費者，應該「為每個人創造一種將生活的時間轉變成學習、分享和養育的機會」。

他主張，要實現這一理想，就要建立一個教育網絡。在這個網絡中，任何人都能夠通過社會生活和日常生活學習知識與技能，並且直接應用於社會。各種教育資源置於學習者的主動控制之下，使學習成為自我創造式的教育。教育網絡確定了新的學習方式，為學生提供了新的與世界聯繫的方式，而非僅僅通過教師、課程和計劃的準備而進入世界。

在伊利奇所處的時代，互聯網還沒有出現，但是他天才式的預言，以及對於變革教育的夢想，今天聽來，是不是覺得難能可貴？

在他的著作中，我們已經看到了當代互聯網教育的雛形。

與「非學校運動」遙相呼應的是伯爾赫斯·斯金納的程序教學理論。

斯金納是美國著名心理學家。據說他從小就喜愛發明創造，製作小玩意兒，曾經試製過簡易滑翔機，也曾把一台廢鍋爐改造成一門蒸汽炮，把土豆和蘿蔔當炮彈射到了鄰居家的屋頂上。也許正是童年的習慣讓他後來發明了一種非常巧妙的心理學裝置「斯金納箱」，並且提出了著名的新行為主義學說。

1971 年，斯金納出版了《超越自由與尊嚴》一書，把他根據「斯金納箱」對老鼠和鴿子的行為研究應用到人的教育領域。

斯金納認為，人類的所有行為本質上都是對環境刺激做出的反應。行為能否得以維持，取決於其後果是積極的還是消極的。如果行為之後伴隨的後果是積極的，那麼這一行為就會得到強化。如果行為之後伴隨的後果是消極的，得到的是懲罰，那麼該行為也會減弱。行為得不到強化，就會減弱，他稱這種情況為「消退」。

根據這一理論，斯金納發明了一種教學機器，這個機器的構造包括輸入、輸出、貯存和控制四個部分。

他把教學材料分解成由按循序漸進原則有機地相互聯繫的幾百個甚至幾千個問題框面組成的程序。

每一個步子就是一個框面，學生正確回答了一個框面的問題，才能開始下一個框面的學習。

如果答錯了，用正確答案糾正後再過渡到下一個框面。框面的左側標出前一框面的答案，作為對該框面問題的提示。一個程序學完

了，再學習下一個程序。

他還提出了程序教學的四條原則。

第一，積極反應原則。即必須使學生始終處於一種積極學習的狀態。

第二，小步子原則。即把教學內容分解成一個個小步驟，前一步的學習為後一步的學習做鋪墊，後一步學習在前一步學習後進行。由於兩個步子之間的難度相差很小，所以學習者很容易取得成功，並建立起自信。

第三，即時反饋原則。即讓學生立即知道自己的答案是正確的，這是樹立信心、保持行為的有效措施。

第四，自定步調原則。即允許學習者按自己的情況來確定掌握材料的速度。

請注意，這個教育學家的理論，是甚麼時候提出的？

是 20 世紀 60 年代末至 70 年代初。

那個時候，互聯網還沒有出現，慕課與翻轉課堂理論也沒有出現。

這種情況下，斯金納的程序教學思想無疑也是天才式的。

他的理想不僅與現在的慕課非常接近，而且對世界的教學理論與實踐產生了很大的影響。

雖然伊利奇和斯金納最後並沒有顛覆現代學校，但是從 20 世紀

60 年代末開始的「非學校運動」就一直沒有停止,各種改造學校的努力也在全世界風起雲湧。他們是現代學校最早的掘墓人。

效率為先的工業化人才培養模式問題很大

不管大家怎麼看待「非學校運動」,我們都必須清醒地認識到現代學校制度的歷史貢獻,認識到它的合理性。我們討論問題的時候,不能像小孩子鬥嘴,只說一面,不說另一面。

現代學校制度,是工業革命的產物,也是人類偉大的創造。

它把傳統的只為少數人享有的教育變成了大部分人能夠享有的普及性教育,提升了全社會的文化素養。

它用機器生產的方式大規模地培養年輕一代,極大地提高了教育的效率。

它把人類幾千年創造的知識用高度濃縮、集約化的方式,按照學科專業分門別類地傳授給未成年人。

所以,從一定意義上講,學校是人類創造的最偉大的發明,也是傳承人類文明最重要的機構。

但是,現代學校制度也有工業革命帶來的「胎裡毛病」。

現在,我們就來說它的毛病在哪裡。

最根本的毛病就是，它強調效率優先，用工廠化的生產方式「生產」人才，用整齊劃一的教育模式安排教育生活，除了統一的入學時間和統一的上課時間，還用統一的教學大綱、統一的教材、統一的教學進度和統一的考試評價來培養雖然年齡相同但個性迥異、能力水平不一的人。

這讓我想起古希臘神話中的普洛克路斯忒斯（Procrustes）之床。

據說惡魔普洛克路斯忒斯有一張鐵床，他熱情邀請人們到家中過夜，但是只有身體的高度和床一樣長的人才被允許睡覺，否則比床長的人要被砍掉腿腳，比床短的人則要被強行拉到和床一樣長。

這張床，就類似於現代學校制度的標準。

我們用這個標準要求所有學生，所以學生學習得很累、很苦，每個人的個性得不到張揚，潛能得不到發揮。

這正是現代學校制度的內在缺陷。

這個缺陷，也正是十幾年前我發起新教育實驗的背景：我們能不能創造一種更好的教育，讓師生過一種幸福完整的教育生活？

當然，這個缺陷不是中國獨有的缺陷，這也是美國的缺陷、歐洲的缺陷，整個世界教育的「胎裡毛病」。

迄今為止，我還沒有看到哪個國家從根本上解決了這個缺陷。

互聯網時代的教育變革

任何理想的實現都需要條件。

為甚麼文藝復興時代了不起？因為，這是一個需要巨人，也產生了巨人的時代。

學校的變革也是如此。

儘管從現代學校制度產生之日，就有各種各樣的批評意見，也有各種各樣的變革實踐，但學校依然如故。一個重要的原因就是，缺乏必要的條件。

今天，互聯網的發展，為現代教育制度的變革，為我們所預判的「未來學校會被學習中心取代」，提供了重要條件。

變革是一種必然

50 年前的「非學校運動」一度引起全社會的廣泛關注與共鳴。但是，當時的社會發展和科學技術還無法繪就那樣宏偉的變革藍圖。

21 世紀，隨着互聯網的出現和現代教育技術的不斷發展，學校變革的激情再一次被激發。

這一次，在技術的層面上已經足以解決傳統教育的許多內在缺陷。

其中最重要的標誌就是慕課的出現。

「MOOC」（慕課）是大規模在線開放課程的英文簡稱，其中「M」代表 Massive（大規模），一門課的聽課者可以有上萬人甚至幾十萬人；第二個字母「O」代表 Open（開放），不分國籍和區域，只需郵箱註冊參與，課程對所有人開放；第三個字母「O」代表 Online（在線），即網上學習；第四個字母「C」代表 Courses，即課程。

與名校視頻公開課只提供課程資源不同，慕課實現了教學課程的全程參與。在這個平台，學習者可以完成從上課、分享觀點、做作業，到參加考試、得到分數、拿到證書的全過程。

我第一次聽說慕課，是 2011 年秋季。那時我聽到了一條讓我非常吃驚的消息：190 多個國家的 16 萬人同時註冊了史丹福大學的「人工智能導論」課程。當時我就在想，這可能會導致一場真正的教育變革。

不久，史丹福大學兩位教授創立 Coursera 免費在線課程網站，2012 年 4 月上線，4 個月後學生人數便突破了 100 萬，後來普林斯頓大學、史丹福大學、加利福尼亞理工大學、密歇根大學和賓夕法尼亞大學等全球 80 多所高校和機構加盟，共享 386 門課程，一年以後的註冊學生人數就超過 400 萬，數據顯示其中中國的學生達到了 65 萬人。

同時，其中的多門課程進入了美國教育理事會學分推薦計劃，學生選修的學分可獲大學承認，慕課進入了正規高等教育體系的通道。

而一些公司也開始考慮招聘時是否承認慕課的課程證書，這就意味着未來的學生可以憑藉在線教育平台拿到的課程證書直接就業，而不一定非要擁有名牌大學的學位和學歷證書。

《紐約時報》曾經把 2012 年稱為「慕課年」。同年，《時代週刊》刊載了一篇深度報道「大學已死，大學永存」，作者認為慕課的出現，已經宣告了傳統大學即將消失，未來的新型大學即將應運而生。也就是說，未來基於互聯網技術的新型的混合制大學有可能出現。

2013 年，從黃岡中學網校校長任上離職的汪建宏來北京與我討論未來教育發展的方向。我提出如果能夠做一個面向中小學的慕課，可能會很有發展。不久，他創辦了愛學堂，依託清華大學辦起了學堂在線。

沒想到慕課方興未艾之時，就受到了新的挑戰。

慕課的各種改進修訂版也紛紛推出。例如所謂的私播課（SPOC），SPOC 這個英文縮寫是「Small Private Online Courses」的首字母縮寫。

私播課對入讀人數和入讀條件都有限制，以私人化、小規模在線課程為特徵，但它仍然是開放和免費的。

本質上說，私播課與慕課屬於同一類，在教學設計、教學理念上並沒有多大突破，只不過更加小眾。

還有所謂的「超級慕課」（Meta-MOOC）。2014 年 1 月，美國杜

克大學的凱茜‧戴維森教授在 Coursera 上開設了「高等教育史與未來」課程。該課程註冊學生約兩萬人,它的授課時間與戴維森教授在杜克大學面對面教學的課堂同步進行,並且在加州大學聖塔芭芭拉分校和史丹福大學也有同步進行的分課堂。

三個學校的老師同時教授這門課,共享閱讀材料,讓學生互評作品,不同學校的學生和教師組成了一個學習共同體。

正如凱茜‧戴維森教授所説,這不僅是一門慕課,而且是一個運動,所以把它稱為「超級慕課」。

還有所謂的 DLMOOC(Deep Learning MOOC,深度學習慕課)、MobiMOOC(Mobile MOOC,移動慕課,指通過移動設備學習慕課,致力於慕課與移動學習的有效整合)、 MOOL(Massive Open Online Labs,大眾開放在線實驗室)等。

MOOL 較之實體實驗室有兩大優點:一是沒有時間限制,一年365 天,一天 24 小時都是開放的,學習者可以隨時做實驗;二是實驗過程可重複,可回放,方便找出實驗失敗的原因。

DOCC(Distributed Open Collaborative Course),分 佈 式 開放協作課,不局限於單一專家授課,專家背景多樣化,分佈在各大高校,強調在數字時代的協作學習,避免學生被動學習;PMOOC(Personalized MOOC),個性化慕課,學生自定學習步調,自我選擇開始與結束的時間,系統可以自動跟蹤學生的學習進程,並給予每個

學生恰當的學習建議；MOOR（Massive Open Online Research），大眾開放在線研究課，為學生從學習到研究的過渡提供了渠道，使教學重心由知識的複製傳播轉向問題的提出和解決；等等。

在中小學，在線學習也成為一股不可抗拒的潮流。美國科羅拉多大學博爾得分校教育學院發佈的《理解和改進全日制網上學校》報告表示，美國已有 25 萬名中小學生在全日制網上學校上學。

美國各州網上學校總共提供 53.6 萬門課程（每門課程都為一學期），有 180 萬名中小學生至少選一門網上課程。網上課程的增多也在一定程度上滿足了不同群體和不同地區學生的教育需求，特別是滿足了學生在家上學的需求。

據統計，全美共有 240 萬名學生在家上學。在一定意義上可以說，這些學習方式不僅是對現代學校教育的補充，更是對現代學校教育的變革。

近年來，我國的慕課建設與應用也呈現出爆發式增長，多所高水平大學陸續在國際著名課程平台開課，有關高校和機構自主建成 10 餘個國內慕課平台，460 餘所高校建設的 3 200 餘門慕課上線課程平台，5 500 萬人次的高校學生和社會學習者選學國內外的慕課課程，我國慕課課程數量已位居世界第一。

在家上學，在中國也不是甚麼新鮮事。前兩年我國台灣地區已經通過了相關立法，允許學生在家學習。

我國大陸地區雖然目前原則上不允許以家庭自學代替學校教育，但各種打擦邊球的方式還是很多。我自己直接見證的就有兩位，一位是童話大王鄭淵潔。多年前見面時他就告訴我，他的兒子鄭亞旗讀完小學六年級後就不去學校了，他在家裡給兒子上課，每週一在家裡舉行升旗儀式，所有教材都是他自己編寫的，他的兒子三年時間就完成了「學業」。鄭亞旗 22 歲開始創辦《皮皮魯》雜誌，24 歲開辦皮皮魯講堂並自任校長，25 歲創辦鄭亞旗攝影工作室，並先後出版攝影集《非洲》等，27 歲創建北京皮皮魯總動員文化科技有限公司並任 CEO（首席執行官）。記得 2012 年有一次與他們父子見面，亞旗還送我一本他新出版的攝影作品。

另一個朋友是新教育基金會的一位發起人，有一次我去上海開會，他突然問我，他的孩子能不能繼續在家上學。這位朋友非常認同新教育實驗的理念，是最早支持新教育的志願者。因為上海當時沒有新教育實驗學校，也沒有他滿意的學校，所以他們夫婦倆決定按照新教育的理念在家中自己教孩子。文化課程沒有問題，可以藉助新教育的閱讀書目和晨誦等課程。孩子的社會性養成，則通過各種俱樂部的活動，如足球、高爾夫球等來培養。

所以，整個小學期間，孩子很開心，很陽光。他們夫婦徵求我的意見是否繼續在家上學，我說還是要聽取孩子的意見，以及考慮今後是否參加高考等因素。最後，他們還是選擇了繼續在家上學。據說，

目前像鄭亞旗和我朋友的孩子這樣的情況，全國超過了 20 萬例。

從以上的介紹我們可以發現，以慕課為代表的互聯網教育的興起，已經為解決傳統學校模式的各種缺陷提供了可能性，因為它既可以完成現代學校教育制度要求的大規模教育的效率問題，也可以滿足不同學習者對於教育選擇的基本要求。

自由選擇課程，自由組織學習團隊，自由選擇任課教師，隨時了解學習進度與知識掌握情況，自由安排學習時間，一種新的學習空間、新的學習組織形式，已經呼之欲出。

杜威的夢想不再遙不可及

1915 年，教育家約翰‧杜威出版了《明日之學校》一書。其實，這本書的書名完全可以翻譯為《未來學校》。未來不是空想的明天，而是建立在今天基礎上的明天。所有對於未來的預言和構想，都是基於今天的實踐和探索的判斷。

著名教育家悉尼‧胡克在為《明日之學校》寫導言時曾經說：「這本著作也可叫作《今日之學校》，是關於正在實驗中的一些學校的描述，特別是關於這些學校用實例說明的觀念，以及杜威對於初等、中等教育改革的建議。」

也就是說，杜威是從當年基於變革的實踐中，窺見了未來教育的模樣，並且為了他心中理想的未來，對當下的教育提出了積極的建議。

100 多年過去了，杜威在書中批評的許多教育問題仍然存在，杜威在書中暢想的許多教育夢想仍未實現。但是，社會發展尤其是科學技術的發展已經遠遠超出了杜威那個時代的預料。站在社會大變革的風口，我們再來反思、展望，杜威的教育夢想已經不再是遙不可及了。

在本書介紹的大量案例中，我們已經真真切切地發現了許多未來學習中心的要素，這些學校與我們理想中的未來學習中心非常接近。而且，以今天的科學技術和社會發展水平，我們也完全能夠構建一個全新的教育體系與教育結構 —— 未來學習中心。

風靡全球的教育紀錄片《為孩子重塑教育》的製片人泰德·丁特史密斯，在其新著《未來的學校》中已經給傳統學校判了「死刑」。他提出，傳統學校以有着百年歷史的工廠模式為基礎，善於培養適合工業社會的勞動力，而工業社會所塑造的世界早已不復存在。所以，「傳統學校是僵化的教育體系打造出來的紙老虎，是創新時代的博物館文物」。也就是說，無論是從現實性，還是從可能性來看，傳統學校已經進入了「無可奈何花落去」的衰亡期，而未來學習中心已經呼之欲出，並不遙遠了。

第二章

學習中心，長甚麼模樣？

前兩年，一個教育圈之外的朋友，來我家做客。

　　我們聊到未來教育趨勢，我提到了「學習中心」。

　　他問我：「學習中心是甚麼？」

　　我說，學習中心是……他看着我，似懂非懂，不明所以。

　　我們接着聊，我說：「未來的學習中心，會取代今天的學校。」

　　這個朋友更加迷茫、不解，還是問我「學習中心」是甚麼。

　　我就跟他解釋，吧啦吧啦，說了半天，他突然問我，學習中心長甚麼樣子？

這回，輪到我迷茫了，他怎麼會這麼問？

他說，朱老師，你說「學校」，我有概念，你說山溝溝裡的希望小學，我的腦海中，馬上就有一排低矮的校舍，高高飄起的五星紅旗。你說「學習中心」，我的腦海中，浮現不出任何具體的形象。

這次聊天，提醒了我，我們大多數人在日常生活中，是靠形象進行思維。行業之外的人，更是如此。

在我長篇累牘地講述「學習中心」之前，我應該提綱挈領地、形象地告訴大家，學習中心「長」甚麼模樣，跟今天的學校究竟有哪些不同。

學習中心，跟我們今天的學校一樣嗎？

學習中心跟我們今天的學校不一樣。

今天，每個學校，在一定意義上講都是孤島。每所學校都是相對獨立地自己辦學，完全實現自己的封閉性內循環，本質上它不需要和外部世界進行更大的聯通。

但是，未來的學習中心不是這樣，它可以是網絡型的，也可以是實體型的。這些實體型的學習中心，有的是從現在的學校轉型而來的，有的是從現在的各種培訓機構、社會教育機構轉型而來的。

未來的學習中心不再是孤島，而是彼此連接的環島。未來的學生，不是像現在一樣只在一所學校學習，而是在不同的學習中心學習。

未來的學習中心，是一個開放的體系。未來的一個小學生或者一個中學生，甚至一個大學生，他可以在這個學習中心學習數學，在那個學習中心學習藝術，然後在另外一個學習中心學習科技，而且學習中心可以是跨區域甚至是跨國界的。

我曾經假想，新教育實驗在全國有 4 000 多所學校，我們選 100 所學校，作為新教育共同體的學習中心，這 100 所學校中的每所學校

都有自己非常強的特色教育資源和非常有代表性的課程，我們新教育共同體的學生，在這些不同的學習中心之間遊學選修。

這樣，我們首先從學習空間上，就打破了傳統的學校概念。

大學也是如此。你可以把全世界每一所大學都當作學習中心。

未來，清華大學的學生，可能是在清華註冊入學，但是可以在全世界的大學、不同的學習中心選擇課程，可以選北大的文學課程，哈佛的幸福課程，麻省理工的電子學課程，等等。

只要是學生需要的課程，就允許他去不同學習中心學習。各個學習中心的課程，經過認證機構的認證或者學習中心的許可，可以互相承認、互換學分，學習中心將不受時間、空間、機構的限制，時時處處提供各自的教育資源，學生隨時都可以在這裡進行全天候的學習。

這個觀點，我說過很多次。

但每次說到這個觀點，教育圈之外的朋友，就驚詫莫名地問我，這麼幹行嗎？

我認為，理論上應該行。

我舉個例子，如果某個大學生特別喜歡勞動，希望重溫中國傳統的耕讀生活，只要他有全球學習的能力，就可以考慮去美國的深泉學院讀完大一、大二。

這是美國很有特色的一所大學。這所大學辦在一個小山溝裡面，

在美國的加利福尼亞州和內華達州交界處死亡谷的沙漠地帶，1917年創辦，距今已經有 100 多年的歷史。學校的校訓是三個詞：勞動，學術，自治。

學校每年只招 13 名學生，學制兩年。學校免收學費，但是學生必須參加學校的勞動，在農場和相關場所幹活，因為勞動是校訓的第一條。學校位於沙漠地帶的深處，相對來說與世隔絕，大部分的物品需要自己製作。

學校為所有的學生提供獎學金，全額資助，但是每個學生每天要勞動三四個小時，也就是說，每個星期差不多要有近 20 個小時是勞動時間。學校基本是上午上課、下午幹活。學校裡面養了 200 多頭牛以及馬、羊、豬等動物，並且種了一小塊蔬菜地。學生要和學校的工人一起去放牧、耕種。

除了日常的課堂學習以外，每個學生都要承擔一項職務，也就是在這所學校的所有勞作裡面有一件事情是你負責的，包括凌晨 4 點多去牛棚擠牛奶，給牲口餵食、添加飼料，駕駛拖拉機去播種，劈木柴，挖掘水渠，放牧牛羊等，包括食堂做飯都是由學生負責的。

深泉學院的學生，兩年畢業以後，大部分都要轉到哈佛、耶魯這些常春藤學校去讀大三。

關於這所學校，我就說這麼多。

總的來說，未來學習中心，不僅局限於中小學教育，高等教育可

以成為，也應該成為真正的學習中心。

學習中心沒有固定教室，每個房間都要預約

現在，老同學見面，喜歡說，你是哪個班的，二班的，還是三班的，誰誰誰是隔壁班的。

未來，學習中心的學生，不會有這個概念。

未來，學習中心將重新界定學生的學習共同體，班級、年級、教室等概念將會進一步重構。

從約定俗成的定義來看，班級是學校中的班次與年級的總稱。班級是學校的基本單位，也是學校行政管理的最基層組織。一個班級通常是由一位或幾位學科教師與一群學生共同組成，傳統學校教育功能的發揮主要是在班級活動中實現的。

教室呢，則是學校裡教師對學生正式授課的地方，是學校對學生進行教學的空間。

所以，一個是從組織的角度來界定班級，另一個是從空間的角度來定義教室，而從教師與學生生命活動的形態，以及師生共同活動的場域而言，兩者其實是相同的。

現在的班級也好，教室也罷，都是基於傳統學校相對固定的學生、相對固定的學習時間與學習內容來安排的。

當每個學生有只屬於自己的課程表，只屬於自己的學習內容與時

間安排時，傳統的固定班級、固定教室的格局自然就被打破了。

你不要以為我在信口開河，北京已經有學校做過這樣的實驗了。

北京十一學校的「走班制」，其實就類似於未來學習中心與傳統學校之間的一個過渡。

所謂走班制，是指學科教室和科任老師相對固定，學生根據自己的興趣願望和能力水平，選擇符合自己需要的學科課程和層次班級走班上課。

我去這所學校看過多次，與李希貴校長也多次討論過他們的辦學理念與課程體系，我相信，未來學習中心的學生，是需要事先預約上課的教室的。

學習中心沒有以「校長室」為中心的領導機構，更像北上廣的創業孵化器

關心學習中心長甚麼樣子，必然繞不過一個問題：未來學習中心，還有「校長室」這樣的領導機構嗎？

這種思維方式，是從我們過去的經驗出發的。

傳統的學校往往管理層級很多，管理人員很多，工作效率不高。前幾年就有網友反映，海南省某中心小學校本部設置了校長、教導處、德育處、總務處領導崗位 16 人，其中校長就有 5 人。

未來的學習中心將沒有以「校長室」為核心的集權式領導機構。

由於教師與學生雙向選擇，教師成為學生成長的助手和陪伴者，教師和學生都有着強烈的自我發展與成長需求，彼此之間是以互相選擇進行「投票」的，每一方的選擇都遵從了自我意志，教與學都不再需要煩瑣的檢查和考核評價。同時，學生的自組織能力也是教師所要提供的重要學習與指導內容之一。

所以，未來的學習中心，在教學的核心業務上是扁平化管理，甚至會基本成為自組織管理，會出現「多中心」的方式。這是以每一個優秀的教師或者以每一個卓越課程為中心，組成的一個個學習共同體。它的運行模式是：教師引導、學生自組織管理。

當然，未來學習中心也將保留一個統一的管理部門。但是，學習中心裡的管理部門，更像一個服務機構而非領導機構，更像一個諮詢機構而非控制機構。在未來學習中心的管理部門裡，將建立起一個以學生和教師為中心的服務體制。一方面，學習中心的工作人員根據學生的需求，對學生的學習時間與學習組隊提出合理的建議，指導學生根據自己的潛能與興趣選擇不同學習中心的課程，記錄學生學習的過程與結果；另一方面考慮教師的需求，幫助教師準備各種教學資源與工具，為教師的專業發展提供支持，同時協調不同學習中心的教師資源。

因此，未來學習中心更像北上廣的創業孵化器，為師生提供全方位的、及時周到的服務與支持。

學習中心可以在社區，也可以在大學校園

未來學習中心是沒有圍牆的校園，甚至是虛擬的網絡空間。

學習中心可以是類似於傳統中小學的學習機構，也可以在社區、科技館、博物館、圖書館或者大學。只要能夠提供豐富的學習資源和良好的學習環境，都可以成為未來的學習中心。

我曾經考察過的史丹福網絡高中（Stanford Online High School，也稱史丹福在線高中），就屬於這樣的學習中心。

這所學校成立於 2006 年，位於矽谷地區，總部就在史丹福大學校園的一棟建築內。史丹福網絡高中在校生人數 650 名左右，學生來自美國 45 個州和全世界的 27 個國家，比較集中的地區是美國的加利福尼亞州（170 人）、得克薩斯州（30 人）和紐約州（45 人）。

我仔細了解過史丹福網絡高中開設的課程。它們有許多課程供學生選擇。

人文類的課程有：革命與反抗，拉丁語，文學批評，攝影，音樂理論［美國大學預修課程（Advanced Placement），簡稱 AP 課程］，中文，科學史，民主、自由與法律的原則，法律研究：憲法等。

科學類的課程有：生物學研究前沿問題、心靈的研究：心理學、神經科學與哲學、力學、光與熱、物理學 C（AP 課程）等。

數學類的課程有：代數、微積分、計算機科學（AP 課程）、數據結構與算法、複雜分析等。

每門課程選修的班級人數控制在 15 人以內。

我在 2016 年訪問該校的時候，學校教務主任驕傲地説，他們開設的還有一些後 AP 課程和大學層面的課程，供學生選擇。

這所學校的師資力量很強，68% 以上的老師都有博士學位，能給學生帶來非常好的教學體驗，能夠滿足不同層次的學生對於知識的需求。學校的學業成績也非常優異，名列加利福尼亞州第一、全美第三。

既然叫網絡高中，學校的課程主要就是在線的形式。學生不用去教室上課，而是通過網絡教學的模式，這樣能給學生提供最好的學習便利性。學校網站提供了與課程配套的教學視頻和與老師面對面的教學模式。每週的課程集中在兩天完成。

上課時，來自全美和世界各地的學生一起通過視頻實時在線討論交流。所有課程都有課外作業，如要求收聽老師的視頻講授和在線寫作等。

老師通過網絡的形式給學生佈置作業，學生在規定的時間通過網絡的形式將作業完成後再交給老師。

學生的學習比較靈活，史丹福網絡高中有全日制（full-time）的學生，也有選修部分課程（part-time）的學生和選修一門課程（single-course）的學生。全日制學生選修的課程，一般是每學期 4～5 門。學校設有獎學金，大約 15% 的學生得到資助。

網絡學校的學生如何培養社會交往能力？史丹福網絡高中的教務長告訴我，他們也有許多措施，讓學生擁有充滿活力的學習生活。

　　首先是建立了 40 多個專題性的俱樂部和組織，如應用物理學俱樂部、藝術俱樂部、企業家俱樂部、拉丁語俱樂部、樂高俱樂部、文學俱樂部、模擬聯合國、攝影俱樂部、心理學俱樂部、機器人俱樂部、西班牙語俱樂部、少數民族聯盟等。

　　另外，學校的報紙、年鑒等，也由學生參與編輯，為他們創造交流的機會。

　　學校也創造了一些學生面對面交流的機會。如每年暑假有兩週的時間，學生從全美與世界各地來到史丹福大學校園，從事學術研究與專題討論。

　　另外，有 25 個以上的地區聚會，在每年年初由學生和家庭組織，學校方面也會關心支持。

　　最隆重的自然是畢業週，有整整三天的時間舉辦畢業舞會、頒獎活動以及畢業典禮儀式。

　　史丹福網絡高中特別注重培養學生的自學能力和解決問題的能力。據該校教學主任介紹，他們的在線實時課堂教學非常注重培養學生和他的同伴一起討論分析解決問題的能力，「我們最後一年結束的時候，學生幾乎能夠自己來組織課堂的學習，在這些課堂的學習當

中，他們能夠綜合地了解到問題或者提出觀點，並且能夠闡述相關的例子，通過自己已經獲得的經驗，學生也能夠獨立地闡述自己的立場和論點，還能夠發現其他學生論點中存在的問題，並且給予一些反饋。最後學生還能夠自我評估，給自己提高能力的空間」。

當然，在未來相當長的時間內，更多的學習中心，將是把傳統學校與史丹福網絡高中的優勢和特點進一步整合的混合制學校。

美國亞利桑那州的卡普蒂姆初級及高級中學就是這樣的類型。據美國國際教育協會北京代表處的陳智勇先生介紹，該校的學生到校後，不是到教室，而是來到一個工作站台的電腦上學習他們的課程，這些課程都是根據亞利桑那州的標準設置的網上課程。輔導老師也在那裡，幫助他們解決各種問題，從電腦的技術問題到學科的問題，甚至情緒問題，他們都會協助學生解決。

學生的學習進度可以根據他們回答問題的情況及時調整。如果他們回答問題達到一定標準，電腦就會自動讓他們進入下一環節學習。如果他們需要額外的學習才能進入下一環節，電腦會給出額外的學習章節和練習。該校的學生只在週一至週四上午 7：45 到下午 4：00 在校。如果學生生病或外出不能上學，可以自己在家上網學習，學校、老師和父母可以查到並及時跟蹤學生的學習情況。學習上有困難的學生，則必須上「週五學校」，參加老師指導的補習。

據介紹，運用這樣的學習方式，這個少數民族裔學生佔多數的學

校，在亞利桑那州考試中已經連續兩年成績提高且領先，被評為考績優秀學校，畢業率和上大學學生的比例也持續增長。

好未來、新東方這樣的培訓機構，也可以是學習中心

　　未來的各種培訓機構，也可以轉型為新的學習中心或者課程公司，類似今天的好未來、新東方等教育機構，將會成為新型的學習中心，成為政府購買公共服務的學習中心。

　　現在的學生白天在學校學習，晚上進各種補習班學習；平時在學校學習，節假日進補習機構學習；白天在學校學習英語，晚上到新東方學習英語；平時在學校學習數學、科學，週末到學而思補習數學、科學。

　　根據不完全統計，北京現在 90% 以上的學生都要進行課外培訓，放學以後以及節假日都要去補習機構補習，應試教育造成了普遍的學習焦慮。

　　但是，未來可能就不一樣了，正規的學校與社會教育機構打通了，甚至沒有必要再把教育機構分成培訓機構、學校、網絡機構，所有的機構都可以變成學習中心。

　　凡是政府認定合格的學習中心，政府都可以為學生的學習買單。學生沒有必要疲於奔命，一放學就要到補習機構去，可以根據學數學在哪裡學最合適，學藝術在哪裡學最方便，體育訓練在哪裡做最有

效，來明確自己的教育需求。

目前，北京部分區域已經開始嘗試邀請好未來、新東方，以及各種藝術、科學教育機構，為在校學生開設相關學科課程和下午三點半以後的活動課程。

對此，我們需要持續地觀察，看看這條路是否行得通，成效是不是顯著。但是，在理論上應該是完全可行的。把選擇權交給學生，在全社會統一配置教育資源，應該成為未來學習中心的基本模式。

以我今天的眼光來看，我認為，在未來，各類民辦教育機構，都有可能成為學習中心。

民辦機構為甚麼可以成為未來的學習中心呢？對這個問題，總是有人表示不解。

我舉個例子解釋一下。

黃山腳下，有一所木工學校，多年前我看過這所學校，給我的印象非常深。我覺得這樣一所學校，就可以成為學習中心。

這所學校，是一個小時候在黃山腳下長大的孩子創辦的，他在中國科技大學做了副研究員，隨後到美國留學，生活了幾年，回國以後，他去蘇州辦公司。

我見過他，他對我說，剛開始的起心動念，是因為他自己的公司需要木工，後來一想，如果能夠對家鄉有所回報，豈不是一舉兩得嗎？

木工學校，顧名思義，是培養木工的。

這所學校與眾不同的地方有兩點。

第一，你不要把木工僅僅當作一個簡單的養家糊口的手藝，而是要把它當作一個有創造性的職業，你要發自內心地喜歡這個行當。

學校鼓勵學生在喜歡的過程中去探索，去做藝術家一樣的有創造性的工作。學校會帶學生參觀徽州的古建築藝術，讓大家從細節當中體會古代工匠有創造性的工作，感受他們的藝術魅力。

校長跟學生說，你不要瞧不起木匠，一個敬業的木匠要比一個平庸的博士對社會的貢獻大得多。學校每年都有畢業典禮，而且非常盛大，學生穿上隆重的匠士服，戴上匠士帽，從校長那裡得到一個匠士學位。

大家注意，他們在這裡所用的詞是「匠士」，是「士」，而不是木匠。

第二，採用學徒制的教學方法。

這所學校的課程設置，跟很多中專學校差不多，文化課和實訓課的比例是 3：7，要求學生一定要在幹中學。

跟傳統的師傅帶徒弟不同的是，他們讓師兄帶師弟，讓學生教學生。我覺得這樣的教學方法是很值得提倡的。我們說教學相長，不僅是老師和學生之間的教與學，而且應該是學生與學生之間的教與學。作為師兄，你要想教得好，你首先得學得好。但是，學十遍，不如教

師弟一遍。

　　第一次聽校長講木工學校的故事，我就覺得這是一個以職業精神和技能培養為主的學習中心，我們未來的學習中心應該有不同的類型，有的是藝術類型，有的是科學類型，更多的可能是職業類型和技能類型。

　　過去我們有誤解，以為職業類型、技術類型的學校，沒有操守，沒有德育。父母不敢把孩子送到技校，其中一個原因就是，擔心技校裡面只教手藝，不育人。當我向朋友講到職業類型的學習中心、技術類型的學習中心的時候，大家就擔心這些培訓類的機構變成了未來的學習中心，他們還能不能育人。

　　毫無疑問，這樣的思路是僵化的、片面的。一個學校能不能育人，不在於它教的是文化課，還是專業技能。這個木工學校今天辦得怎麼樣，我不知道，我現在所說的，都是多年前的舊聞。這所學校培養的學生究竟怎麼樣，我也沒有做過嚴謹的學術意義上的研究。但是，僅僅從他們介紹的幾年前的理念來看，我覺得職業技能的教育，可能要比單純的文化課更容易育人。

　　比如說這所木工學校的校訓，非常簡單明了，「誠實，勤勞，有愛心，不走捷徑」，這個校訓不是往牆上一貼就了事了，而是在製作八仙桌、太師椅的過程中，一斧頭一斧頭砍出來，一鋸子一鑿子落到實處的。

最後，我歸納一下這個木工學校的例子，談談甚麼樣的民辦教育機構可以成為學習中心。我認為，具有兩個條件就可以：一者，有明確的培養目標；二者，能育人。

沒有統一的教材

　　在傳統學校，教材是學生學習的主要依據，是基本的教學用書。教材是根據國家課程標準來編寫的，是課程標準的具體化，通常按學年或學期分冊，劃分單元或章節。

　　在傳統學校，我們往往要求教師「吃透教材」，學生「讀透教材」，以教材和教學輔助材料為主要學習內容的學習體系堅如磐石。一本教材走天下，弄懂教材考不怕。以知識為中心的學習，演變為以教材為中心的學習。

　　教材固然重要，未來學習中心也會有相應的教材，但是不會像現在這樣用統一的教材。現在的教材是根據教學大綱來設計編寫的，教學大綱是根據課程標準編制確定的。它規定的是教學的基本要求，衡量的是學生有沒有掌握基本知識與基本能力。總的來說，還是以知識為中心，以考試評價為手段的教材運行體制。這樣的體制對於掌握基礎知識有積極意義，但是對於創造探索就顯得不夠了。

　　過去我們採用過「一綱多本」的教材編寫和使用體系。這樣的體系對於鼓勵教材創新迭代、提升教材質量是有積極意義的，只是，也

出現了一些亂象，所以導致現在規定全國部分人文學科使用全國統一教材。但是，從提高教材質量的角度來看，還是應該強調國家教育基準，規範課程標準，強化教材審查和質量把關。因為，未來學習中心的學習不僅是為了達到基本標準和通過考試評價，更是為了學習得更好、更豐富、更有趣、更有挑戰性，所以應該有不同程度、不同個性、不同挑戰級別的教材。

從國際經驗來看，要保證一個國家的教育品質和教材質量，需要有一批一輩子從事教材研究與教材編寫的專家。在許多發達國家，一本教材往往不斷修訂，先後達十幾個版次、幾十個版次，甚至幾代人接力編寫，這才確保了教材質量和教育品質。

我曾經主持翻譯的《海外教育科學精品教材譯叢》，其中的許多教材如《兒童發展》《教育心理學》等，就是不斷修訂完善的優秀教材。而我們的教材由於「定於一尊」，可能會慢慢失去革新成長的動力。

所以，未來學習中心的教材，國家教育部門只需要確定基本的課程標準，教材的編寫、出版和使用則引入競爭機制，最後由國家教材審查委員會和社會第三方機構共同選擇優秀教材。教師可以在眾多的通過審定的教材中選擇適合自己和學生的教材。

所以，未來學習中心的教材將更加多元，允許學生和教師選擇最適合自己的教材。

全天候開放，沒有週末、寒暑假，也沒有上學、放學時間

未來的學習中心，學習的時間會更加有彈性。

未來學習中心是全天候的，沒有星期六、星期天，也沒有寒暑假，學生可以根據自己的需要來安排學習時間。這樣，學習中心的設施會得到最大限度的利用，整個教育資源會實現進一步的集約化。

其實，我們現在的教育資源浪費很嚴重，大部分的中小學和大學，校舍利用率很低，一年中有一半的時間都沒有被使用。星期六、星期天、節假日扣掉以後，教育資源在大部分時間裡是閒置的。

我們傳統的學校生活節奏與節假日安排，和工業化的生產方式是適應的，甚至和傳統的農業社會也有很大的聯繫，是以成年人的工作為中心設計的。

可汗學院的創始人就曾經激烈抨擊寒暑假制度。他認為這是「農耕社會的殘留物」。不僅造成了大量教育設施的閒置，也造成了對金錢和時間的大量浪費。更重要的是，寒暑假讓學習進度中途擱置，「知識的連貫性被打破，階段性的學習成果付諸東流」。他用騎自行車來比喻，在我們騎自行車的時候，一直蹬車要比停下來重新起步容易得多。學習的過程也是如此。

現在看來，其實沒有必要安排統一的節假日，因為學習是一個連續性與非連續性的統一。以我們的課堂為例，一節課45分鐘，一個教室裡45個學生，這是天經地義的嗎？為甚麼在一個有效的單元時

間內，正好學到那個時候，就下課了？學習有如此精確的安排嗎？只是為了我們管理的方便而已。每一節課，為甚麼一定要 45 分鐘？為甚麼要在學生學習正興奮時戛然而止？40 分鐘不行嗎？30 分鐘不可以嗎？為甚麼現在的 TED（技術、娛樂、設計）講演只有 10～15 分鐘？不同年齡階段的學生維持注意力的時間究竟是多少？為甚麼許多學校開始探索 20～30 分鐘的短課堂？

為甚麼要讓 45 個或者更多的學生整齊劃一地學習同樣的內容？其實每個人的學習背景、學習基礎是完全不同的，1/3 的人可能聽不懂，另外 1/3 的學生可能早已經懂了，這兩種類型的學生在教室裡是不是很難受？其實他們大部分人是陪着少部分人在進行學習的。

另外，為甚麼一個上午的課程需要不斷變化，語文、數學、外語、物理、化學交替進行？為甚麼在學生學習一個問題、一個學科正興奮的時候又要「移情別戀」？為甚麼不能夠一個上午學習一個學科，解決一個問題？學生的學習與科學家的研究是不是有類似的特點？為甚麼華德福學校的課程經常是連續性的，一個上午，甚至一週、兩週連續學習一門課程？有的時候，特別是學生自主探索或者小組討論正興奮的時候，時間一到就戛然而止，這明顯不符合學生的認知規律。

但是，在傳統的教室裡，拖堂或者提前下課都屬於教學事故，那些優秀的教師經常把時間控制得一分鐘不差。這是工業化思維，根本

不是人性化的思維。

沒有學制，可以 8 歲入學，也可以 12 歲入學

未來學習中心的學習週期也會彈性化。

前些年全國兩會上，以莫言先生為代表的政協委員曾經呼籲：「要縮短學制。」易中天先生也在中國教育 30 人論壇主辦的一次論壇上提出，現在中國教育的效率實在太低，需要改學制，把九年義務教育改為十年，不要再分小學、初中、高中。多年以來，要求縮短學制的呼聲一直不絕於耳。

也有學校悄悄地進行了縮短學制的探索。如我的母校上海師範大學附屬的上海市實驗學校，就實行了小學、初中、高中十年一貫制彈性學制，其中小學 4 年、初中 3 年、高中 3 年，培養的學生也非常優秀。在上海民進的教育論壇上，我聽過他們現任校長徐紅興高采烈地講述他們學生的故事，自豪之情溢於言表。

所以，我認為只有突破學制思維，來思考中國未來的學制，才是解決中國學制問題未來的方向。正如只有突破教師編制，來思考中國未來的教師，才是解決中國教師問題未來的方向。

現在學生 6 週歲入學，少一天都不行。

每天早上 8 點上課，晚一分鐘就是遲到。

其實，規定 6 週歲入學也是很不合理的。為了趕上報名，趕上 9

月 1 號開學，有一些母親甚至剖腹生產，讓孩子提前來到這個世界，人為地破壞了生命自身的節律。

其實，同樣是七八歲的孩子，他們的個性發展、心理特徵、認知水平有可能是完全不一樣的。為甚麼學生不可以 5 歲入學，甚至 9 歲或者 12 歲入學呢？

同樣，為甚麼每天早晨必須 8 點開始上第一節課，遲到就要受罰，而不可以 9 點甚至 11 點上課呢？為甚麼不能允許不同的學生在不同的時間開始學習不同的學習內容呢？

據媒體報道，2019 年初，法國教育部長讓－米歇爾·布朗凱批准了巴黎地區委員會的一項提議，把 15～18 歲的學生的上課時間從早上 8 點推遲到 9 點。

報道稱，這項提議的倡導者援引美國的一項研究結果說，自 2016 年以來推遲上學時間讓西雅圖的中學生獲益匪淺，他們平均每天多睡了 34 分鐘，結果是學習成績更好，缺勤也較少。

一些專家說，青少年之所以會睡過頭，是因為他們體內不斷變化的荷爾蒙告訴他們要晚一點起床，然後在晚上保持清醒。支持推遲上課時間的法國生物學家克萊爾·拉孔特說：「通過讓學校上午 9 點開始上課，我們希望能夠彌補青少年生物鐘的自然滯後。睡眠的最後階段是最重要的。」她還補充說，法國學生每週的學習時間相當於 40 個小時，這影響了他們的健康和分數。

與法國推遲上課讓學生補覺的決策相比，中國很多學校與行政部門很少真正從學生的健康與學習的效率角度考慮問題。我們上學的時間還是太早，有些學校要求學生到校時間在早晨 7 點到 7 點 30 分左右，早讀和第一節課的時間也比較早，學生往往在早晨 6 點起床，睡眠時間嚴重不足。

　　其實，學生的生物鐘是不一樣的，統一的時間上學，仍然是大工業時代整齊劃一的管理辦法。未來學校一定會更加個性化、彈性化，未來學習中心將採取更加靈活的學習方式。我們完全沒必要像現在這樣準時準點來上課，準時準點辦入學手續。

　　因此，未來的學習週期和整個學習計劃是根據學生的需要來安排的，小學生不一定要 6 歲入學，早一點或者晚一點也可以。在孩子想學的時候就可以開始學習，學習是一個線性的、流動性的過程。

　　所以，未來肯定不會去查學生的身份證，不強制要求必須是在 8 月 31 號之前出生的孩子才能入學。沒有必要，因為你任何時候都可以學習，所有的學習記錄都可以保存在學分銀行和不同的數據中心。

　　學生也可以根據父母的工作特點來安排何時學習，何時休息，何時度假。未來也沒有留級制度，學完了一門課程就有一個課程認證，然後就記載到你個人的學分銀行上，所以學習的時間會更有彈性，方式也會更加多樣化。

10 歲的孩子可以跟 70 歲的老人在同一個課堂上課

未來學習中心有可能將不存在專門為老年人辦的老年大學，以及為幼兒辦的幼兒園這樣的單一的機構，學習中心可以為所有人提供服務，混齡學習將成為重要的特點，10 歲的孩子可以跟 70 歲的老人在同一課堂上課，一起學習，一起玩耍。當然，在相當長的時間內，同一個年齡階段的孩子一起學習，仍然會是最主要的學習方式。

在未知世界面前，每個人都是平等的。這樣，所有的學習機構都可能轉變成有自身特色的學習中心，不同的人可以尋找適合自己的學習內容和學習機構。

未來社會，政府將不僅為義務教育、高中教育、高等教育、職業教育提供支持，也會為所有人的學習創造良好的環境，政府不僅購買基礎教育的公共服務，也可以通過發放教育券的方式鼓勵人們終身學習。既然是終身學習，就是從搖籃到墳墓的學習，不同年齡階段的人在學習中心相遇，在不同的課堂相遇，就應該是常見的現象，而不是難得的風景。

2017 年 12 月，我陪同時任全國人大常委會副委員長嚴雋琪會見新加坡人民行動黨領袖，文化、社區及青年部部長傅海燕，她在介紹新加坡教育發展時談道，為了鼓勵成年人終身學習，新加坡政府為 25 歲以上的人群每人發放了 500 新加坡元的學習券，供成人選擇適合他們的職業技能教育，23 大類職業均有相應的培訓機構。這些培

訓機構其實就是特殊的技能學習中心。

　　未來學習中心的專業化、集約化程度會進一步提高，不僅能夠使教育資源得到更合理、更充分的使用，而且能夠打破現在千篇一律、千人一腔的課堂教學模式，讓學習過程更有趣，不同的人互相學習、取長補短的功能得到更好的發揮。

教師是自主學習的指導者、陪伴者

　　未來學習中心的教師將是自主學習的指導者、陪伴者。

　　未來的教師隊伍將更加開放多元。諾貝爾物理學獎得主斯蒂芬・溫伯格曾經説，在知識網絡化以後，房間裡面最聰明的絕對不是站在講台前給你上課的老師，而是所有人加起來的智慧。也就是説，未來的學習中心不再僅僅依靠傳統教師。

　　未來學習中心會有一部分自聘教師，他們掌握着這個學習中心的優勢課程資源與有效教學方法。但是大部分的課程資源可以購買，可以通過課程外包的方式派遣，也可以跨學習中心來調用教育資源。

　　現在，體制內的一部分教師會成為「獨立教師」或「自由教師」，組建自己的教學工作室或者課程公司，為學校提供課程和教學服務。

　　也有不少社會的優秀人才，通過自己的「絕活」和一技之長為學校提供特色課程資源。

　　所以臉書（Facebook）的創始人朱克伯格提出的「教師將成為自由職業者」將不再是神話，「得道為先」「能者為師」的格局將會形成。

這個問題，我在後面會用一個專門的章節來講。這裡，我們先不細說。

學習中心，為甚麼「長」成這個樣子？

現在，我們停頓一下，回頭看看，所謂的學習中心到底「長」甚麼模樣？你的頭腦中是否有點輪廓性的形象了？校園還在，但是變成了學習中心，而且不是學生的唯一去處；老師還有，但是變成了指導者和陪伴者，能者為師的時代開始出現；課程還要有，但是除了國家規定的基礎課程，更多的是個性化的自選課程；等等。

下面，我們接着追問一句：學習中心，為甚麼「長」成這個樣子？為甚麼具有這些形象化的特徵？

我認為，有三個原因。

這三個原因，歸根結底，也是學習中心之所以能夠出現的基於教育本身的內在因素，這與互聯網不一樣。互聯網是外部因素。

原因一：學校不再是教育的唯一場所

從教育發展的歷史來看，家庭、學校和其他社會機構，在不同的歷史階段分別扮演了不同的角色，以不同的方式共同推進了教育的發展。

我喜歡從歷史的角度探討原因。這是因為，我們今天的一切都是有來由的。

大家可以想想，在人類遠古文明的漫長歲月裡，教育是在哪裡進行的？

是在社會實踐中進行的！

家庭出現之後呢？

原來由社會共同承擔的教育任務，就開始由家庭與社會共同承擔了。最早的學校萌芽與家庭一樣，也是出現在原始社會的末期。

本書第一章，我跟大家一起回溯了教育的歷史。我說過，現代學校制度是工業革命的產物。

工業革命需要勞動力，需要越來越多的父母參與生產活動。他們有了自己專門的職業活動，這在很大程度上導致他們開始「走出」家庭，逐步「淡出」教育的舞台。

這樣，學校就成為教育的主渠道，承擔起最重要的教育使命，也就順理成章了。

今天，大家看看，那些忙碌的父母，是不是還是把孩子往學校一丟了事？

一直到 20 世紀 60 年代前，家庭、社區與學校的聯繫與合作都是比較少見的，只有在出現各種事件或變故時，如孩子在學校出現了嚴重的行為問題，或在家中顯露出受到極度的課業壓力時，彼此之間才

會聯繫。

20 世紀 60 年代開始，西方國家掀起了以教育機會平等為基本內容的平權運動，強調關注處於不利境地的兒童和家庭的教育機會。

1966 年，《科爾曼報告》提出了一個令學校教育感到尷尬的研究結論，即學校在孩子學業成功方面沒有多少實際用處，而家庭及其同伴的影響才是決定孩子學業成就的關鍵因素。

同時，威廉‧休厄爾和羅伯特‧豪澤等教育社會學家的研究也發現，父母的參與和期望是兒童成長的重要中介變量。

這些研究讓人們重新思考家庭與學校教育的關係問題，重新考量家庭和社區在教育中的作用，家校合作問題也開始提上議事日程，許多國家的政府先後出台了推進家校合作的政策，鼓勵父母參與孩子的教育。

我們知道，儘管學校是有計劃、有組織地進行系統的教育活動的組織機構，學校教育的專業性等特點保證了其效率與優勢，但學校教育從來不是孤立的。家庭和社區在教育中的作用被嚴重低估了。

長期以來，社區在教育中的作用也沒有得到足夠的重視。學校和家庭都是處於一定的社區之中，社區是家校合作的重要空間環境和文化環境，也是重要合作夥伴。尤其是社區的圖書館、博物館、科技館、電影院、劇院、青少年活動中心等，都是非常好的教育資源，都對學生的成長起着非常重要的作用。

根據美國學者喬伊絲‧愛潑斯坦的「交疊影響域理論」，家校社合作共育是學校、家庭、社區合作，三者共同對孩子的教育和發展產生疊加影響的過程。

家校社三者是合作夥伴關係。我們認為，學校、家庭和社區雖然各有職能，但彼此間又密切相關。學校不僅是教育活動的組織機構，還是社區的文化中心和文明引擎；家庭不僅是親緣關係的社會單元，還是孩子的課餘學校與親子樂園；社區不僅是區域生活的共同空間，還是孩子的第二課堂和實踐基地。

在未來，學校、家庭和社區在一定意義上都是不同的學習空間，不同的學習中心。三者的合作構成了家校社合作共育中的「磁場效應」，會讓所有參與者產生精神共振，這將是一種理想的立體化、大教育狀態。

因此，從未來教育的發展來看，家庭和社區在教育中扮演的角色會越來越重要。

過去學校幾乎「包辦」了教育的一切，提供了全部教育資源，學習活動主要發生的地方也在學校。未來社會，這個格局將被徹底顛覆，學校不可能包攬教育的全部內容，教育資源的提供者將更加多元開放，學習活動發生的場所也不再局限在學校。

原因二：學習要回歸生活

　　學習要回歸生活，這是學習中心之所以出現那些形象特徵的又一個內在因素，也是未來學習中心的一個重要方向。

　　教育本身就是生活，教育就是生活的方式，是行動的方式。教育在作為促進美好生活的一種手段的同時，它本身就應該是目的，應該讓所有與教育發生關係的人過一種幸福完整的生活。

　　100多年前，約翰‧杜威嚴肅批評過教育遠離社會生活的弊端。他在《我的教育信條》一書中明確提出：「教育是生活的過程，而不是將來生活的預備。學校必須呈現現在的生活——即對兒童說來是真實而生氣勃勃的生活。像他們在家庭裡、在鄰里間、在運動場上所經歷的生活那樣。不通過各種生活形式，或者不通過那些本身就值得生活的生活形式來實現的教育，對於真正的現實總是貧乏的代替物，結果形成呆板而死氣沉沉的局面。」（呂達、劉立德、鄒海燕主編的《杜威教育文集》第1卷，第7—8頁，人民教育出版社，2008年版。）

　　在以往的教育學家看來，學校只是為學生的未來發展做準備的地方，所以教育過程只是為未來做「準備」。但是，杜威認為，學校不僅是為未來的生活做準備，更重要的是，它「必須呈現現在的生活」，對兒童來說，「是真實而生氣勃勃的生活」。

　　所以，杜威主張學校應該成為社會生活的「簡化版」和「濃縮版」：「學校作為一種制度，應當把現實的社會生活簡化起來，縮小到

一種雛形的狀態。」

當然，學校其實也不應該是社會生活的「簡化版」和「濃縮版」，因為學校生活與社會生活的目標、任務還是有所不同的。學校不可能成為工廠或者農場，直接從事生產勞作；也不可能成為政府機關，直接處理各種社會事務。但是，學校應該與社會生活無縫對接，應該時刻關注社會生活。

同時，更重要的是，學校本身就是一種特殊的社會，學校的社會生態，師生在學校中的認知、情感、社會生活，不僅對他們未來的發展具有重要的意義，對他們當下的生活也特別重要。

在未來學習中心，學習要回歸生活，需要在以下兩個方面下功夫：一是指向幸福的生活，二是指向完整的生活。

這也是我在新教育實驗中一再倡導的，讓師生過一種幸福完整的教育生活。

原因三：以知識為中心，將轉變為以學生為中心

適合的教育就是最好的教育。在一定意義上可以說，教育不是簡單地為了適應外界，而是為了自己內心的豐富。

從以知識為中心到以學生為中心的這個「改變」，就是我所說的第三個原因。

未來教育將發生一次類似於從「地心說」到「日心說」的哥白尼式的革命。教育將從以知識為中心轉變為以學生為中心，從以教師的

「教」為中心轉向真正地以學生的「學」為中心。未來的學習中心，必須適應這樣的轉變。

從學習的內在本質來說，現在的教育重點在知識，在教師的「教」，整個學習活動是圍繞知識展開的，是以教師的教學活動為中心的。

未來整個教育的變化，重心要轉變為以學生為中心，以學生的學習為中心，學習活動是圍繞學生展開的。以學生的學習為中心，就必須去標準化，必須個性化、定制化。

所以，個性化、定制化將會成為未來學習的主要形式，學生不需要完全按照千篇一律的標準化的學習內容來學習。每個學生可以自己來制訂學習的計劃，確定學習的節奏，定制學習的內容。

我甚麼時候學甚麼，不是別人說了算，而是我的學習我自己做主。因為我要自己安排我的發展路徑，我會安排我甚麼時候學習甚麼內容，也就是說真正地實現以學生的學習為中心。

20 世紀 80 年代，西方興起了一門主要由生物科學和教育科學交叉而形成的前沿學科 —— 學習科學。學習科學旨在建立心智、大腦與教育之間的橋樑，將生物科學的最新成果，包括認知神經科學、情感神經科學、基因科學和生物分子學等應用於教育和學習過程。學習科學的興起，在很大程度上呼應了整個社會和教育從關注「教」走向關注「學」的趨勢。

第三章

學習中心，誰來學？

這個問題，應該請孔子來回答。

孔子早就說過「有教無類」，想學的就是學生。

未來學習中心，當然是，想學的就來學。

2016 年夏天，第一位在哈佛大學畢業典禮上演講的中國人何江博士陪我逛哈佛大學的書店。我在這裡讀到一本名為《大學的終結》的書。我很喜歡這本書，回來後就組織翻譯，沒有想到，我們翻譯得差不多的時候，這本書的中文版竟然出來了。這本書的作者介紹說，為了了解未來社會大學的變革，他專門在麻省理工學院選修了「生命的奧秘」這門課程。

讓他驚訝的是，選修這門課程的學生有 13 歲的孩子甚至 72 歲的老人，既有南美的醫生和

醫學院學生、希臘的高中生，也有荷蘭的退休化學家、斯里蘭卡的大學輟學生、印度的全職主婦、烏克蘭的軟件工程師和菲律賓的護士。

這樣的景象將是未來學習中心的常態。跨越國界和地區、超越年齡和性別的學習，在未來的學習中心，不是應該出現，而是一定會出現。

在這一章，我重點討論兩個關鍵詞，一個是有教無類，另一個是混齡學習。

圍繞這兩個關鍵詞，我回答兩個問題。

一個是，為甚麼有教無類一直說到今天，卻沒能實現？

另一個是，混齡學習，為甚麼是可能的，又為甚麼是好的？

為甚麼有教無類一直說到今天，卻沒能實現？

2 000 多年前，孔子就提出了「有教無類」的教育理想。他認為，每個人都可以通過接受教育而從善，所以應該一視同仁對他們進行教育。

作為歷史上第一個創辦私學的教育家，孔子打破了官學對學生的限制，他招收學生不分階級、不分地域、不分智愚，只要肯虛心向學，交上十條乾豬肉，都可以成為他的弟子。

在孔子三千弟子、七十二賢人中，既有貴族出身的孟懿子、南宮敬叔、孟武伯、司馬牛等，也有屬於城市貧民和卑賤之人的顏路、顏回、仲弓、原憲、閔子騫等，甚至還有顏涿聚這樣的「梁父之大盜」。

當然，在孔子的時代，真正能夠接受教育的還是少數人，能夠交得起十條乾豬肉作為學費的也是少數人。在長期的封建社會，教育始終是少數人的特權。

一直到 1949 年中華人民共和國成立，我國學齡兒童的入學率也只有 25%，也就是說，還有 75% 的適齡兒童是無法進入學校讀書的。

1949 年，我們國家全社會的文盲人數佔總人口的 80% 左右，到

2000 年時，青壯年文盲還佔到 15% 左右。

今天，受教育人數已經發生翻天覆地的變化，大學生人數多到再也不是甚麼天之驕子。既然受教育人數已經這麼多了，我們為甚麼還說有教無類的理想到今天仍然沒有完全實現？

客觀上的原因，是受學校的規模和條件所限，許多好學校只能夠滿足一部分人的教育需求。

同時，隨着時代的發展，越來越多的人有新的教育需求，傳統的學校教育體系已經無法滿足不同人群（如老年人）的教育需求。

更重要的是，孔子有教無類的理想，如果用現代的教育公平理論加以闡釋，實現的難度會更大，要走的路會更遠。

現代教育公平理論認為，教育公平有三個基本的層次。

第一是機會的公平，即讓所有的人都能夠有機會接受教育，所有的人都能夠有學上。

幾千年來，很多人是沒有機會讀書的，受教育曾經只是少數人的機會。應該説，這個理想現在在絕大多數國家和地區基本上做到了。

第二是過程的公平，即每個人享受到的教育應該是一樣的，不能有些學校條件很好，有些學校條件很差；不能有些學校教師素質很高，有些學校教師素質較低。所以，教育資源的配置應該是公平的。

過程的公平仍然有漫長的道路要走。

第三是結果的公平，即所有人學到的知識，或者根據他的能力獲得的東西是比較均衡的。教育的最終目的是幫助每個人成為最好的自己，教育不僅是把既定的知識傳授給孩子，更重要的是滿足不同學生的學習需求。

孔子在自己的學校中是努力做到因材施教、讓學生各展其長的。他的學生，有的在德行方面出類拔萃，如顏淵、閔子騫、冉伯牛、仲弓等；有的在言語方面表現優異，如宰我、子貢等；有的善於處理政事，如冉有、子路等；有的是文學方面的高材生，如子游、子夏等。對於有不同個性的學生提出的同樣的問題，孔子也給予了不同的答案。

與過程的公平相比，結果的公平更加不易。

在傳統的學校中，所有人在同一個教室裡學習同樣的內容，無論教師怎樣努力，也很難做到滿足不同的需求，有些人「吃不飽」、有些人「吃不下」是不可避免的。所以，真正實現有教無類的理想，在傳統的學校結構中非常困難。而未來學習中心，恰恰可以滿足這樣的需要，可以讓這樣的理想有可能成為現實。

有教無類：誰想學，誰就是學生

從目前的情況來看，我們的教育體系，我們的學校教育資源，主要是面向各個階段的適齡學生開放的。接受義務教育、高中教育

和高等教育的學生，是教育對象的主要來源，也是各種學校的主體生源。

從理想的情況來看，我們的教育體系，我們的各種教育資源，應該是面向所有人開放的。誰想學，誰就是學生。這是有教無類的最高境界。

未來學習中心的構架，就是為這個理想準備的。

由於未來學習中心打破了傳統的學習週期，打破了正規教育與社會教育的壁壘，極大程度上釋放了教育資源的空間。

現在的學校在晚間、週末和各種節假日都是關閉的；補習機構、社會教育機構則相反，在學校開放、學生上學期間是關閉的。這無疑造成了教育資源的雙重浪費。如果採用新型的學習中心模式，我們現有的教育資源的利用率，起碼可以放大一倍。同時，還會提供更多的就業機會。

很多年前，人類學家瑪格麗特‧米德說過一段發人深省的話：「把所有遊戲和學習放入童年，所有工作塞進中年，所有遺憾留給老年，這是極端錯誤和非常武斷的做法。」

這樣的做法，應該在未來學習中心「壽終正寢」了。在未來，誰想學，誰就是學生；誰有本事，誰就是老師。在這個領域是學生，在另外一個領域就可能是老師。白天或晚上是學生，晚上或白天可以當老師。一個能者為師、學者為生的新型的學習型社會，將會應運而生。

混齡學習，為甚麼是可能的，又為甚麼是好的？

傳統的學校制度為了提高教學效率，設計了班級授課制，把年齡相同的學生編班教學。

雖然總體上來說，相同年齡的學生有着基本相同的認知水平與行為特徵，但具體到每個學生又是完全不同的。

正如一個美國心理學家説的那樣，同樣是 7 歲的孩子，他們的心理發育年齡可能是 5～10 歲。而且，即使從教育的角度來説，混齡學習也有其獨特的優勢。

100 多年前，蒙台梭利曾經批評傳統的按照年齡「一刀切」的做法。她指出：「把人根據年齡分隔開來，是一件非常冷酷又不符合人性的事情。對於兒童也是一樣，這樣會打斷生活之間的聯繫，使人與人之間無法互相學習。」所以，混齡學習是蒙氏教育的重要特點之一。

不僅在幼兒園期間可以混齡學習，其實在各個年齡階段都可以採取這一學習方式。

我是恢復高考以後的第一屆大學生，我們那時候就是真正的「混齡學習」。我們班級中有跳級的不到 20 歲的應屆高中生，也有三四十歲的孩子他爸和孩子他媽。

這種混齡學習的確有很多優勢。大同學和小同學在學習過程中可以互相幫助、取長補短，對我們的成長起了很大的作用。

那時，在一定程度上，我們的大同學的社會閱歷和經驗比老師都豐富，很多老師解決不了的問題他們可以幫助解決。

現在我們的大學輔導員自己還是孩子，在教育我們的孩子時，其優勢和劣勢都很明顯。一方面，年輕輔導員有更貼近孩子的優勢；另一方面，也意味着有相似的缺失。在一個班級內或學習群體裡，如果是「混齡學習」，如果有閱歷更豐富的同學，那麼整個教育的活力和能量就會更強。

同時，同學裡各種各樣的人才都有，隨時可以向他們請教。小同學精力旺盛，學習能力強，也促使大同學不能懈怠。現在的大學教育，因為基本上都是培養應屆生，學生來了以後基本都是和同齡人一起在學習，混齡學習已經成為歷史。

其實，國外大學也不像我們這樣清一色的都是 20 多歲的年輕人。在美國大學裡就可以看見許多年齡較大的人在學習。美國《退伍軍人權利法案》就規定，軍人在退伍後到州立大學學習可以獲得全額學費、書本費和各州不一的生活費補助。根據民間研究機構美國教育委員會的一份報告，2007—2008 年，美國大約有 66 萬名退伍軍人和 21.5 萬名軍人就讀大學，佔所有大學生的 4%。

相對而言，中國的大學學生來源結構過於單一。我們應該鼓勵社會人員進入高等院校學習，讓混齡學習成為大學教育的常態，使其發揮出我們高等教育獨特的優勢。

不僅大學可以，中小學也是完全可行的。2008 年，桑德佛夫婦創辦了一所混齡學習的學校 —— 阿克頓學院。這所學校雖然有小學部、初中部和高中部，但是年級的概念在那裡完全不適用。它是一所以學生為中心的小型學校，學生完全自主安排日程，自己組成項目學習小組，自己確定探索目標，自己學習如何利用學習資源，自行舉辦蘇格拉底式研討會。學生在公示的宣傳欄中定期更新自己的學習進展，他們能夠準確地知道自己距離學習目標還有多遠。

在《翻轉課堂的可汗學院》一書中有這樣一段文字：「如果強行按照年齡將孩子分開，那麼每個孩子都可能損失一些東西。年紀小的孩子失去了心中的榜樣，失去了偶像，失去了也許會在人生中起到重要作用的導師；而更糟糕的是，年長一些的孩子被剝奪了鍛煉領導才能以及承擔責任的機會，他們的心智無法變得成熟。」也就是說，在未來學習中心，混齡學習不僅是可能的，更是必需的，這樣才能最大限度地發揮混齡學習的優勢。

少年兒童來學，父母也可以同時來學

在未來學習中心，少年兒童可以在父母的陪伴下學習。

在學校教育體系建立之前，少年兒童的成長完全是在父母的陪伴下進行的。現代學校制度產生以後，隨着女性走出家庭、父母的職業化程度的提高，少年兒童的教育權讓渡給了學校，部分的家庭教育權交給了孩子的爺爺、奶奶、外公、外婆，隔代撫養成為我們教育的一

個重要特點。

其實，父母是孩子的第一任老師，也是最重要的老師。孩子的語言，孩子的思維，孩子認識世界的方式，都是在父母的耳濡目染下學會的。為孩子做榜樣是父母的重要任務。對許多孩子來說，和父母在一起的意義、與父母交流的時間，遠遠比父母給予他的金錢、玩具重要得多。

在孩子成長最關鍵的時期，如果父母可以與孩子一起到學習中心學習，有分有合，孩子可以學習孩子想學習的內容，父母可以選擇自己需要學習的內容，必要的時候與孩子一起學習。現在許多家庭中，父母與孩子一起學習鋼琴，一起學習繪畫，甚至一起學習科學，已經不是個別現象了。當然，這些情形往往發生在各種培訓機構。

大量事實證明，這樣的陪伴學習有助於父母理解學習過程，掌握指導孩子成長的技能，也有助於孩子更有效地學習。在和孩子一起學習的過程中，父母會幫助孩子閱讀、觀察、思考，從而構建一種親密溫馨又智慧的親子關係，實現父母與孩子的共同成長。

未來的社會，可以像現在的哺乳期產假一樣，為父母提供學習假和彈性的工作制度，這也會為父母陪伴孩子學習提供新的可能。

少年兒童來學，老年人也可以來學

截至 2017 年底，中國 60 歲及以上的老年人約佔全體居民的 17.3%，為 2.41 億人，到 2050 年，老齡人口將增加到 4.87 億。中國

人口的老齡化速度居世界榜首。

老年人上學難是許多城市的現實問題。自從 1983 年開辦第一所老年大學以來，我國已經先後創建了 7 萬多所老年大學。2017 年，全國有超過 800 萬的 60 歲以上的老年人進入老年大學學習，但是這些人只佔中國同齡老年人的 3% 多一點。在上海，6 位有意向上大學的老年人中，只有 1 位能夠進入大學；在杭州，16 個人中僅有 1 個入學名額。很多地方只能採取抽籤模式，或者額滿為止。

未來學習中心是破解這個難題的好辦法。現在的老年大學是把老年人「圈養」起來的，他們雖然可以互相溫暖、減少孤獨、增進健康，但是如果能夠創建老年人與少年兒童一起學習的新體系，與父母的陪伴學習一樣，把老年人的隔代撫養變成隔代教育與隔代學習，有分有合，三代人同堂學習，共讀、共寫、共同生活將成為可能。

現在我國政府計劃在 2020 年之前在每個城市都設立一所老年大學。這遠遠無法滿足老年人的學習需求。其實，我們可以重新進行教育資源的配置，全時空、全方位來統籌安排教育資源，打破教育類型、教育階段的分隔。

如果我們也能夠把各種機構的公共空間資源利用起來，把現有的學校教育資源對社會開放；如果我們打破傳統的各類學校分而設立的做法，用新型的學習中心模式運營，既可以解決公共教育資源有限的問題，又可以創造出新型的學習形態。

不同社區、不同城市的學生都可以來學

　　未來的學習中心，是跨區域甚至是跨國界的。

　　現在的學校，基本按照區域劃定學區，所有的學生在指定學區的指定學校學習，不允許「擇校」。其實，這是在公共教育資源發展不平衡不充分的情況下的無奈之舉，與滿足人民群眾對於美好教育的需求相比，是遠遠不能夠適應的，而且也造成了事實上的不公平。在好的學區居住的家庭就能夠擁有好的教育資源，進入好的學校；在不好的學區居住的家庭就無法擁有這樣的教育資源和教育機會。因此，有錢人和有權力的人，就拼命想辦法居住到好的學區，優先選擇好的學校。

　　未來學習中心將會逐步打破這樣的束縛。一方面，我們期待國家或者國家委託的機構建設線上學習中心，為所有的人提供最好的網絡學習資源，不同城市、不同社區的人可以隨時隨地通過網絡學習自己需要的內容。另一方面，只要線下實體的學習中心有富餘的教育名額，學習者有學習的需求，就可以為任何人開放。政府通過發放學習券的方式給學習者提供經費的支持，學習中心提供自己的服務維持運營，學習者根據自己的需要選擇不同的學習中心學習，自己支付必要的費用。

　　前幾年，世界教育創新峰會做過一次調查，發現未來私人對教育經費的投入會大大增長，達到總經費的 43%，遠遠超過政府的 30%

和企業的 27%（見圖 3.1）。

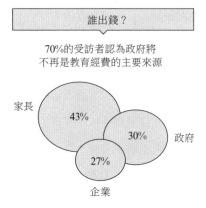

圖 3.1 世界教育創新峰會關於教育經費負擔的調查結果

　　一開始我很難理解，為甚麼社會經濟發展了，政府的錢越來越多了，作為公共服務的教育，反而讓老百姓掏了越來越多的錢呢？

　　但是我仔細想一想，還是有道理的。為甚麼？因為政府永遠不可能滿足所有的教育需求，政府只能提供基本的公共產品服務，只能保證最基本的教育內容的提供，那麼對大多數人而言，未來更需要的是個性化的服務。

　　未來政府仍然會繼續買單，但是買單的方式可能會發生很大的變化，政府會滿足最基本的學習內容，會更關注弱勢人群的學習，會更精準地提供教育經費。例如，未來的非義務教育可能採取按照家庭收入付費的方式。10 多年前我曾經訪問南美的一些國家，其中就有一

些國家的學生教育費用，如大學學費，是根據父母的家庭收入來決定的。現在政府的這種大包大攬的做法，未來會逐步改進。

所以，未來學習中心提供的學習資源會極為豐富，其中有一部分由政府和公益組織免費提供，但是也有相當一部分需要學習者自己付費。如現在的知乎、喜馬拉雅等知識付費產品提供商一樣，未來的學習中心將是一種政府買單和學習者買單並存的共同買單付費方式。

學習中心，未成年學生不一定是主流

未來的學習中心，誰將是學習的主體？

我們可能會下意識地認為，毫無疑問，最重要的主體學習者，仍然是適齡學生。我們可能仍然會認為，對於適齡學生而言，尤其是對於未成年人而言，學習是他們最主要的任務。

但是在未來的學習中心，所有人都有可能成為學習者。在許多學習中心，適齡學生、未成年人的數量會比其他類型的學生數量要少。

誠然，在教育資源有限的情況下，未來學習中心仍然需要有一套保障體制與機制，保障適齡學生，尤其是保障未成年的適齡學生，擁有優先學習的機會。

在未來社會，學習的場所會進一步多樣化、多元化，教育資源將通過科學技術的發展，通過社會財富的累積，通過各類制度的協調，變得越來越豐厚，這也意味着學習中心會越來越多。

例如，美國的一個民間教育機構「亞特蘭大實驗室」，就屬於一種新型的學習中心。這個學習中心的學生是來自亞特蘭大市各個地方的高中十年級學生。這些學生自行創建學習項目，幫助自己所在的城市開拓出可持續發展的未來，去應對空氣和飲用水質量、公共交通、共享能源和貧困問題。這些學生在這裡學習整整一個學期，提供研究、思考、辯論等活動，進行項目式學習。學習結束以後，他們會舉辦一個「展覽之夜」，向他們的朋友、同學、教師、家人以及社區展示他們的作品。

有評論認為，亞特蘭大實驗室正在「積極重塑這座擁有 600 萬人口的城市的教育理念」。

再如，20 世紀 90 年代初期，我曾經在日本上智大學做訪問學者，為了有更多的機會接觸日本人，了解日本社會，我業餘教授幾位日本老人學習中文。教室就是無償借用的區域內的公民館。公民館，其實就是一個學習中心。教師和學習者都可以向公民館申請教室進行教學和學習活動。

按照未來學習中心的構想，現在的學校改造成學習中心以後，在優先滿足適齡學生的各種學習需求的同時，還可以為各個年齡階段的人群提供服務。而類似日本公民館這樣的社會教育機構，也可以為適齡學生提供各種個性化需求的學習服務。未來學生的學習可選擇性會更強，機會會更多，彈性會更大。

利用分門別類的各種資源成立的形形色色的學習中心，將會如雨後春筍般出現，再藉助科學技術突飛猛進的發展，可以極大地滿足人們進行自我教育的需求。

在未來社會中，簡單的體力勞動、機械的智力勞動，都將逐漸被人工智能取代，時代將會要求一個人具備更加豐沛的情感、獨特的創造力。這是外在環境的要求。

因此，未來人們的職業生涯中，將會有更多發揮特長的機會。圍繞自己的特長而學習，進一步挖掘自己的潛力，這種學習需要將會成為個體內心的渴求。如此一來，未來的學習，也會成為真正的終身學習。

這一內一外的結合，將給未來學習中心帶來川流不息的學員和老師。學員和老師的身份，也成為流動的標籤。

這間教室、這個課程裡的學員，到了那間教室、那個課程裡，或許就成了老師。10 歲的孩子也可以成為老師，可以向 60 歲的長者傳授知識。

每一個未成年學生的身邊，都活躍着積極學習的成年人，成為未成年學生學習的榜樣；能者為師的激勵，又為每一個未成年學生提供了成為教師的機會……正是這樣的局面，正是這種不再以未成年學生為主體的未來學習中心，卻能夠給未成年學生的學習提供更好的保障。

第四章

學習中心，誰來教？

近年來在討論人工智能對教育的影響時，許多人曾經發問：未來，還需要老師嗎？未來，究竟誰來做教師？

這是圍棋界人機大戰新聞發佈之後，老師們問得最多的問題。

這個問題，當然也是許多行業面對的共同問題。大家都在問，未來，我們這個行業還需要人嗎？

現在，我說未來學校要被學習中心取代，馬上就有人問我：朱老師，老師未來會失業嗎？你所說的學習中心，誰來教呢？既然學習中心的學生可以有教無類，學習中心的教師會從哪裡來呢？還會像過去一樣嗎？

答案其實很簡單：能者為師，誰能教誰教。

智能機器人教師是不是一個夢想？

2017 年，無論是中國還是世界，都發生了巨大的變化。從全球的視角來看，也許最重要的事件，就是智能機器人重出江湖。

智能機器人成為風雲人物

雖然機器人和人工智能都不是新鮮的概念，但它們在 2017 年集中爆發，還是引起了海內外的廣泛關注，以至於《亞洲週刊》把機器人作為 2017 年的風雲人物。

這一次機器人的驚豔出場，代表性事件就是 2017 年 5 月發生的人工智能機器人阿爾法圍棋（AlphaGo）三場連勝世界圍棋冠軍柯潔。接着，2017 年 10 月，阿爾法圍棋的升級版阿爾法元（AlphaZero）在沒有人類導師的情況下無師自通，通過不到 24 小時的自我對弈、強化學習，就輕鬆擊敗了包括國際象棋、將棋和圍棋在內的三大棋世界第一人。人工智能，攻陷了人類智力遊戲的高地。

在醫學和法律兩個同樣需要高智慧的領域，智能機器人也出手不凡。如在醫療診斷方面，2017 年 2 月 4 日世界癌症日這一天，機器

人醫生「沃森」從美國來華。據說「沃森」的「大腦」裡儲存了 200 多部腫瘤專業領域的教科書、超過 300 種醫學期刊，以及 1 500 多萬頁腫瘤文獻的關鍵信息和臨床試驗中的 60 多萬條醫療證據，可以根據患者的病症、病史和診查數據，自動搜索海量的病歷和醫學圖書、論文數據庫，進行對比匹配，得出診斷結果，並給出治療方案。

「沃森」醫生的確身手不凡。在短短兩小時內，就為 21 名癌症患者做了義診，包括胃癌、肺癌、直腸癌、結腸癌、乳腺癌和宮頸癌等。現場的知名醫生都驗證了它的權威性，據 IBM（國際商業機器公司）公佈，「沃森」醫生的診斷成功率已經超過 90%，遠遠超過人類醫生的診斷成功率。

在中國也有類似報道。國防科技大學彭紹亮教授及其團隊研發的超算醫療機器人，對 100 份病歷進行批量臨床診斷，只花了 4.8 秒，平均單個病例需要的時間僅為 0.04 秒。經過對比研究，智能機器人的診斷和專業醫生做出的診斷結論一致度達到 100%。

在法律事務方面，美國擁有約 900 名律師的貝克 & 霍斯泰特勒（Baker & Hostetler）律師事務所啟用了人工智能機器人，負責協助處理企業破產相關事務。而由志願者共同研發的一款可以藉助人工智能免費給人做法律指導的聊天機器人，也已經在全美 50 個州上線。據稱，這種機器人律師在兩年內幫人打贏了大量交通違法官司，有 37.5 萬張違規停車罰單被交管部門撤銷。

河南人機教育大賽

在國內教育領域，2017 年 10 月也發生了令人不可思議的事件。

一場高級教師對壘教學機器人的人機教學大戰在高考大省河南上演：一方是 3 名具有 17 年教齡、獲得過各種教學獎勵的高級教師，另一方是智能機器人，他們對 78 名初中生進行為期 4 天的數學課程輔導。

活動首先對 78 名初中生進行摸底測試，根據成績平均劃分為兩組，分別接受教學機器人和真人高級教師的授課。4 天時間他們對初中數學做有針對性和集中性的教學輔導，結束後再進行一輪測試，核算兩組學生的分數提高情況。

為了保證這次人機大戰的公平公正，組織者採取了以下五項措施：第一，所有的前測卷和後測卷都由第三方教育局教研室資深老師獨立出題；第二，4 天的試驗過程都進行了實時直播和錄像，供所有人監督和回放復核；第三，試驗過程中有媒體、艾瑞諮詢公司和其他教育機構做觀察員進行實地監控；第四，測試卷和智適應教學機器人上的試題經過媒體抽樣調查保證無重複或類似試題；第五，使用智適應教學機器人的學生訪談都有錄音記錄備查。

4 天的教學過程結束以後，人機大戰的結果是機器人人工智能教學全面碾壓真人教學，在最核心的平均提分上以 36.13 分（機器人教學）完勝 26.18 分（真人教學），在最大提分和最小提分兩項上，機器

人組也分別高出真人組 5 分和 4 分。

2018 年，人工智能再一次高歌猛進。年初就有一個驚人的消息：在由史丹福大學發起的 SQuAD（Stanford Question Answering Dataset）文本閱讀理解挑戰賽中，微軟和阿里巴巴團隊的人工智能模型分別以高分戰勝了人類選手，位列榜單的前兩位。雖然領先分數不多，但這是人工智能首次在文本閱讀理解挑戰賽中戰勝人類，意味着人工智能在自然語言處理方面，已經達到了人類對語言詞句的理解層次。

智能機器人浪潮洶湧而來，對人類社會究竟會產生怎樣的影響？智能機器人教師正在走來，對教育究竟會帶來怎樣的變化？有人預測說：「未來 10 年，大部分人類只需思考 5 秒或以下就可以完成的工作都會被人工智能取代，從比例上來說，未來 10 年人類 50% 的工作都會被取代，比如助理、翻譯、保安、前台、護士、記者、會計、教師、理財師……」其中教師赫然在列。

這樣的預測有些聳人聽聞。對教師被列在會被取代的職業之中，我更是不敢苟同。前不久英國發佈的一個報告也預測，按照失去崗位的可能性來劃分，從 100 到 0，在 300 種將受到失業威脅的崗位中，教師排在倒數第二位，被淘汰的可能性是 0.43%。

就像智能機器人可以幫助醫療診斷、幫助律師事務一樣，但要真正取代醫生和律師，幾乎不可能。未來的智能機器人會幫助教師更好

地從教，未來的教育也會進入「人機共教」的新時代，但教師職業不會消失，也不會被智能機器人取代。

未來教師會不會失業？

智能機器人教師能不能全面取代真人教師？

毫無疑問，教師作為一個古老的職業，在未來是不會被取代的，智能機器人也不可能全面取代真人教師。

但是，這並不意味着所有的教師不會被淘汰，一部分教師「失業」也是必然的。

這就需要我們真正能夠看清教育與學校變化的格局與趨勢，需要我們更加深刻地理解教育與教師的本性與特質。

要想不被淘汰，我認為其實關鍵是做到兩條：一是學會做智能機器人做不到的事情；二是學會與智能機器人共處，讓智能機器人為我所用。

今天的教師怎樣才能不被淘汰？

首先，要學會做智能機器人做不到的事情。

究竟哪些事是智能機器人做不到的事情呢？在許多人看來，智能

機器人似乎無所不能，其實智能機器人也是有軟肋的。它的軟肋就是它不可能完全具有人的情感交流和人文關懷，不可能具有真正的人的創造性與獨特性。棋藝水平超高的阿爾法圍棋眼裡無疑是見棋而不見人的，而教育恰恰是「人的事業」。

懷特海曾經說，在教育過程中，「一旦你忘記了你的學生是有血有肉的，那麼你就會遭遇悲慘的失敗」。蘇霍姆林斯基也認為，教學不是冷冰冰地把知識從一個腦袋裝進另一個腦袋裡，而是師生之間無時不在的情感交流。所以，未來的教育會更具情感性和互動性，未來的教師也應該增強自己的親和力，努力成為學生的知心朋友，成為學生的成長夥伴，走進學生的心靈世界。

此外，智能機器人的邏輯思維和數據處理能力非常強，但是教師的工作往往是非預設的、非邏輯的、非線性的，教育過程中的各種偶發事件，各種力量的平衡，需要高度的創造性和藝術性。

2019 年 4 月，我在好未來體驗人工智能機器人教授英語課程時也發現，雖然機器人教師能夠出色地完成指令性、程序性的教學任務，但其對開放性、突發性的問題則束手無策、難以應對。為機器人之不能為，是未來教師的強項。

其次，學會與智能機器人共處，讓智能機器人為我所用。

未來的人類一定是一種新型的人機結合體，人類會藉助於智能機器人，變得更加聰明、更加強大。

美國教育界曾經廣泛流傳一句話：谷歌上能夠查到的東西不需要在課堂上教。

　　如果按照這個標準，凡是在百度上可以檢索到的知識，也不需要在課堂上教了，傳統的以知識傳授為主體的課堂教學就需要轉型了，對教師的要求也就更高了。

　　未來的教師，會從現在大量的重複性的、簡單性的、煩瑣性的勞動中解放出來，不必要用大量時間批改作業，不需要在課堂上喋喋不休地進行知識性傳授，也不需要在課後進行大量的模仿性訓練、重複性練習。我考察調研過好未來等教育機構的雙師模式，主講老師可以通過網絡給數百個班級的孩子上課，線下輔導老師則專心負責指導、陪伴等育人的工作。未來的教師需要嫻熟地運用智能機器人獲取各種教育資源，利用各種數據處理的方法與技術，及時分析教育教學中的各種案例與問題。

能者為師的時代，即將到來

未來的教師將成為自由職業者

　　臉書的創始人朱克伯格曾經預測，未來的教師將會成為自由職業者。

這句話其實意味着另一個事實，也就是說，如果一個教師無法做到前文提到的兩點，他將被時代所淘汰。

200 多年前，德國教育家第斯多惠在《德國教師培養指南》中曾經說：「凡是不能自我發展、自我培養和自我完善的人，同樣也不能發展、培養和教育別人。」現在看來，這句話更像是針對智能時代的教師說的，因為幾十年前，許多老師在接受完系統的教育訓練以後，基本能夠勝任教師職業。而現在，教師唯有不斷學習、不斷成長，才能適應「人機共教」的新時代。

教師職業是世界上最古老的職業之一。但是，教師職業本身也經歷了許多變化。在原始社會，最初的教師往往是部落裡富有經驗的長者，他們在勞動生產的過程中擔負着照看和養護孩子的任務，兼任着教師性質的工作。

在奴隸社會，「學在官府」，奴隸主貴族壟斷文化教育，開始有了專門的「教師」培養奴隸主的子女，教育只是少數人的特權。

在奴隸社會後期，隨着社會經濟、政治的變動，官學逐漸式微，私學開始出現，孔子就是當時私學的代表人物。作為「萬世師表」的孔子，並不是體制內的教師。私學，其實就是能者為師，那些滿腹詩書、身通六藝的人，成為私學最初的教師。後來封建社會長期存在的私塾教育，其實也是這樣性質的私學。

真正的大規模體制內教師的出現，是隨着工業革命的興起，以及

現代學校制度與師範教育體系的形成而開始的。如前文所說，現代學校制度強調整齊劃一，強調效率優先，特別是義務教育的強制性特點，更加劇了這些特點。

所以，隨着新的工業革命的興起和信息化社會的到來，隨着新的學校形態的出現，隨着教育的個性化、差異化、定制化的需求的增長，完全從學校教育體系中的教師那裡獲得知識與技能的時代也將終結，新的「能者為師」的時代即將到來。

事實上，我們已經看到了這樣的趨勢。

教師是指導者、陪伴者

2015年，世界教育創新峰會對全世界的教育專家進行過一次很有意思的調查，我本人也接受邀請參加了這次調查。沒有想到，調查的許多結果，比我想像的還要開放和前衛。

其中就有關於未來教師的角色問題（見圖4.1）。全球的教育家一致認為，未來的教師將不再是一個知識的傳授者，而是學生的指導者、陪伴者。

未來的教師，既是學生的指導者，也是學生的陪伴者；既是教練，也是陪練。他們不以學生的導師自居，而是與學生一起成長。注重與學生的情感溝通，注重及時發現和幫助解決學生遇到的問題，注重學生成長的內在需求，讓學生更有獲得感，這是未來教師的重要特點。

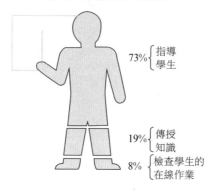

教師的角色？

教師的角色將轉變為學生
自主學習的指導者、陪伴者

73% 指導學生

19% 傳授知識

8% 檢查學生的在線作業

圖 4.1 未來教師的角色

　　據《中國青年報》記者報道，2017 年跨年夜時，三個著名衛視頻道上沒有流量明星的勁歌熱舞，出現的卻是一個個知識精英。能讓三家衛視頻道如此「破例」的重要原因是，2016 年以來知識付費的火熱。羅振宇在 2016 年的跨年演講曾獲實時收視第一，同年 12 月，喜馬拉雅舉辦的「123 知識狂歡節」銷量超 5 000 萬元。

　　據企智網數據，知乎 live 在 2016 年 10 月單月收入超過 1 800 萬元，達到峰值。其實，羅輯思維、喜馬拉雅、知乎等平台裡比較火爆的知識付費產品，就是由「自由教師」提供的收費課程。

　　有記者採訪了購買這些課程的客戶。一位客戶聲稱，自己不是在

單純地購買知識碎片來裝飾自己的頭腦。「我覺得這些產品給我帶來了操作系統的升級，讓我變成了一個更好、更強大的人。」她幾乎每天都在使用和消化這些產品，同時還在這些產品的啟發下，購買了更多可供她深入學習的書籍。目前，她在狹義的「知識付費」產品上的花費已經超過萬元。

另外一位用戶告訴《中國青年報》記者，她喜歡購買這些產品，儘管幾乎每次她都無法堅持到最後，但是她要用花錢的方式來逼迫自己學習。為了購買一門寫作課程，她花了 900 元。

知乎的投資商、創新工場執行董事高曉虎從三個維度對知識付費市場進行了分析。他認為，其一，支付的場景化、線上化是一個長期的趨勢。其二，中國的職業技能教育或者說生產資料教育的市場會越來越好。同時，面向新的情感或各個層面的衝動型收費也為市場助力，「如果面向更多的有這種需求的人群去擴張，如果這個人群的擴張沒有停止，這個市場就沒有問題」。其三，真正地為用戶自身的修養付費的領域，其實就是讀書市場。

其實，知識付費產品已經不僅面向社會公眾，在校學生也是非常重要的消費群體。據中國之聲《新聞縱橫》2016 年 3 月報道，一位在職老師開設的單價為 9 元的高中物理在線直播課，被 2 617 名學生購買，一小時的課程收入達到 23 553 元，在扣除 20%（4 710.6 元）的在線平台分成後，他一小時的實際收入高達 18 842.4 元。這位老師開設

的 7 節課，聽課總人數達到 9 479 人，課程總收入約 8.4 萬元，如果按在線教育平台扣除 20% 分成計算，該老師 7 個小時的實際總收入超過 6.7 萬元。7 個小時的課程進賬，幾乎相當於一個普通學校教師一年的收入。

2017 年，蘇州的一位「自由教師」史金霞來信，向我介紹了她離開體制以後的情況。從公辦學校辭職以後，她在滬江網 CCTalk（實時互動教育平台）上創辦了「史金霞個人網絡微校」。她說：「我是教甚麼的？我不是教閱讀的，也不是教寫作文的，我是教書育人的。經典作品研讀、日常習作評點、國際佳片鑒賞、口語交際練習、吟懷舊老歌、誦英語詩文 —— 所有這些構成我課程的元素，都是使人成為人的手段，而不是目的。我們的出發點和目的地都是人，使人成為具有自由思想、獨立人格的和諧發展的人。」

基於這樣的認識，她開發了《跟史老師從小學學到大學》的生命成長系列課程，聽課的學生從 7 歲的幼童到 70 歲的老人都有，但更多的是在校中小學生。為此，她還開發了《中學生綜合讀寫課》系列課程。為了幫助父母與孩子一起成長，2017 年 7 月她開設了《給家長的十二堂課》，和來自全國各地的父母共同度過了一個飽含歡笑與淚水的難忘暑假。除了收費課程外，她在喜馬拉雅的公益課程的播放量突破了 5 萬。

在講課之餘，她出版了自己的第五本著作《教育：一場驚人的旅

行》。同時，她每天用 10 多個小時瘋狂地學習英語。她說，熟練地掌握英語，可以自如地用英語聽說讀寫，是她的夙願。

除了像史金霞這樣的「個體戶」自由教師外，現在還出現了若干自由教師的共同體組織。2017 年 9 月 26 日的《法治週末》以「獨立教師『自由』背後的無奈」為題報道了這個群體的故事。記者張舒發現，隨着教育行業逐步走向市場化，傳統教育關係正在被重構。辭掉公辦學校工作，專職給學生補課的「自由教師」群體開始日趨壯大。

2014 年，胡進（化名）從北京市豐台區一所公立學校辭職後，和幾個同伴成立了一家自由教師工作室。2017 年，工作室已經有 11 名老師，涵蓋了初中、高中教育的幾門重點學科，除了上門授課外，平時來教室補課的學生，加在一起有近 100 人了。每逢雙休日，工作室的課程往往要從早排到晚。而在週一到週五，除了給學生提供上門補課服務外，他和同事還要花大量時間針對不同學生制訂不同的課程方案。工作室為甚麼能夠受到學生和父母的歡迎？除了應試教育的大背景外，也和他們的教學方法有關。胡進介紹說：「公立學校備課是針對知識，而工作室的備課則是針對學生。不同的學生要用不同的資料和方法，才能達到提分的效果。」每次上課前，他們都要和學生聊聊平時的生活、近期的煩惱，這些內容也是課程中重要的一環。

以上三個案例，其實已經預示了未來教師職業的多種形態。

一方面，傳統學校教育中的教師仍然會存在，他們負責教育的

「兜底」職責，貫徹國家的意志和教育方針，完成國家規定的教育目標和基本內容。

另一方面，教育有更大的開放性和選擇性，國家教育行政部門或者國家教育行政部門委託的機構，會對社會提供的各種教育資源進行認證與評估，選擇諸如羅輯思維、喜馬拉雅、知乎這樣的民間知識傳播平台，史金霞這樣的個體性質的「自由教師」，或者胡進這樣的教師工作室（課程公司），甚至類似新東方、學而思這樣的社會教育機構，以及各種技能培養機構，用購買公共服務的方式，為學生提供更多的優質教師資源。

這樣，任何一個學有所長的人，都可以把自己的知識和技能，通過學校、教育機構和其他平台傳授給學生，「能者為師」的新的教育時代將會真正到來。

第五章

學習中心，學甚麼？

教育，在實踐中關係到兩個基本問題。

從學生的角度，一個問題是學甚麼，另一個問題是怎麼學。

站在老師的角度，問題就是教甚麼、怎麼教。

大家知道，前面這個問題是教育內容或者課程的問題，後面這個問題是教育方法或者手段的問題。

學習內容，跟我們今天的課程體系一樣嗎？

我們正在學習的內容都是天經地義的嗎？

學生應該學甚麼？究竟甚麼知識最有價值？這曾經是教育家關注的頭等重要的問題。1859 年，英國學者斯賓塞提出了一個著名命題：「甚麼知識最有價值？」他對當時學校中古典學科課程佔據主導地位，重虛飾、輕實用的知識價值觀非常不滿。他依據五種人類的基本活動，確立了按價值大小排列的各類知識。

今天，人們越來越重視後面的問題，即如何學、如何教、如何提高效率。學習科學成為當代教育的「顯學」就是明證。學習科學是在認知科學的基礎上發展起來的，是由生物科學、腦科學、心理科學、教育科學等交叉形成的前沿學科，自 20 世紀 80 年代問世以來，備受教育界關注，也在一定程度上引領着世界教育教學模式的變革方向，越來越多的國家籌建專門的學習科學研究組織和機構。

我們國家也一直緊跟這個潮流，在北京大學、北京師範大學、華東師範大學、東南大學等高校建立了學習科學的研究機構。為了提高教育界對未來教育發展趨勢的預測和把控能力，2018 年 11 月，中

國教育 30 人論壇在深圳前海舉辦了以「學習的革命：學習科學引領教育未來」為主題的世界教育前沿峰會。論壇邀請了海內外和兩岸學習科學方面的著名專家學者，分享學習科學的前沿研究成果，介紹學習科學的發展和應用，以及如何把學習科學的最新成果應用於教育和教學實踐。

我在會議上問了一個令大家有些措手不及的問題：我們都在研究如何學習更有效，但是，如果我們高效率學習的內容都是意義不大的東西，這樣的學習還有價值嗎？

長期以來，我們對於學習內容的關注是不夠的。過去，很多朋友問我關於學習的問題。

朱老師，為甚麼我們的幼兒園不能夠「小學化」？

朱老師，為甚麼我們的小學要開語文、數學、英語、科學、道德與法制、音樂、美術、體育等課程？小學能不能學哲學、學歷史？電影、戲劇、設計為甚麼不能成為課程？

朱老師，為甚麼到了中學需要增加歷史、地理、物理、化學、生物等課程？為甚麼大學要分科教學？

每個問我的人，幾乎都要追問：這些難道就不能夠改變嗎？我也會問自己：我們的學生正在學習的東西都是天經地義的嗎？

今天，我要說，在未來學習中心，這些能夠改變。

為甚麼課程很重要？

課程的豐富性決定着生命的豐富性，課程的卓越性決定着生命的卓越性。在未來社會，在未來的學習中心，人們學習的內容將會發生重要的變化，從為了一紙文憑而學，到為了自己的興趣和提升自己的能力而學，將是一個重要的轉變。

課程是甚麼？課程體系是怎麼來的？

對熟悉教育的朋友來說，這樣的問題可能沒有甚麼價值，但是，對教育圈之外的朋友來說，這樣的介紹有助於說明我的觀點。

我們今天所說的「課程」這個概念，是一個舶來品。

課程，英文叫 curriculum，這個詞是從拉丁詞「currere」派生出來的，意思是「跑道」（race-course）或「道路」（caree），也有「沿着跑道奔跑」的意思。

根據這個詞源，最常見的課程定義是「學習的路線」或「學習的進程」（course of study），簡稱學程。

英文 curriculum vitae 則不是說學校的課程，而是人生的履歷了。也就是說，我們的人生其實是由我們學習的內容塑造的。

你說，課程在現代教育當中，是不是特別重要？

正如前面提到的那樣，現代課程體系是由斯賓塞最早提出來的。他將人的完滿生活作為衡量課程價值的標準，並將人類活動按照重要程度劃為五種：

（1）直接保全自己的活動；

（2）獲得生活必需品而間接保全自己的活動；

（3）撫養教育子女的活動；

（4）與維持正常社會政治關係有關的活動；

（5）在生活中的閒暇時間滿足愛好和感情的各種活動。

與之相應的課程，就應該有生理學和解剖學（了解生理和生命規律是維護個人健康與安全的先決條件，也是飽有精力、生活幸福愉快的必備知識），有讀寫算技能的訓練以及邏輯學、力學、幾何學、熱學、電磁學、化學、天文學、地質學、生物學、社會學、數學，有心理學和教育學，有歷史、禮儀、信仰和宗教，還有繪畫、雕刻、音樂等課程。他的這些論述，為建立現代基礎教育的分科課程體系奠定了基礎。

但是，隨着現代社會知識總量的快速增加，以分科教學為代表的傳統課程理論受到了挑戰，知識掌握開始從目的走向手段，學科課程開始從分化走向綜合。也就是說，教育並不是培養百科全書式的知識擁有者，而是能夠運用知識去探尋新知和創造的人，知識學習本身從目的變成了手段。STEAM（融合科學、技術、工程、藝術、數學的綜合教育）、綜合實踐課程、項目學習、研究性學習、主題學習、學科整合課程等都是在這樣的背景下出現的。

下面，我分幾個層次，介紹一下我們國家的課程體系。

在我國的中小學，課程大致可以從研發的主體和類型來分類。

從課程研發的主體來看，有國家課程、地方課程和學校課程三類。

國家制定中小學課程發展的總體規劃，確定國家課程的門類和課時，制定國家課程標準，宏觀指導中小學的課程實施。在此基礎上，鼓勵地方開發適應本地區的地方課程，學校研發適合本校特點的校本課程。

從課程研發的類型來看，有學科課程、活動課程、綜合課程和隱蔽課程四類。

學科課程傳統上分為工具學科（語文、數學、外語），社會學科（思想品德、政治、歷史、地理、社會等），自然學科（自然、生物、物理、化學）和技藝學科（體育、音樂、美術、勞動技術、職業指導等）。

活動課程一般分為實際操作、文藝創作、遊樂表演、調查研究和交流探討等方式。

綜合課程以跨學科融合為基本特徵，可以分為知識本位的綜合課程和社會本位的綜合課程。

隱蔽課程是相對上述顯性課程而言，學生在學校情景中所獲得的，在學校政策及課程計劃中未明確規定的、非正式的和無意識的經驗。隱蔽課程具有隱含性、不確定性、強制性和持久性等特點。據統計，在義務教育階段，學科課程佔到總課時的近 80%，其中工具學

科佔時超過 50%。

嚴格來説，課程應該不限於學校教育的範疇，而是以家庭教育為根基、學校教育為主幹、社會教育為輔助、自我教育為根本的全方位、全過程體系。而課程最本質的特點，則是教師與學生雙方的生命體驗。師生共同經歷的課程，不是一堆知識的羅列，而是通過他們的共同生命體驗，成為有德行、審美、情感和能力的人。

課程本身就是賦予師生生命成長的重要能量。課程作為生命成長的能量，通過課堂內外的疊加，學校與家庭的碰撞，以各種形式互相作用，從量變到質變，最終知識與社會生活、師生生命達到共鳴而形成。

課程體系非改不可嗎？

正因為課程（教學內容）在教育過程中具有最重要的基礎作用，所以，課程改革往往成為所有教育教學改革的重要突破口。

課程內容的數量與質量如何？

究竟應該把甚麼知識傳授給未來的公民？

甚麼是一個人一生中最重要的素養？

現在的課程體系就是合理的嗎？

這些問題一直是不同教育流派爭論的焦點。

2002 年，蘇格蘭政府曾發起了一場關於這些問題的全民大討論。

在這場大討論中，人們提出了減少課程內容的混亂堆砌，增加學習的樂趣，更順暢地銜接 3～18 歲階段的課程等建議。

2004 年 11 月，蘇格蘭提出了一套完整的學校現代化方案，他們把這個方案稱為「卓越課程」計劃。為此，蘇格蘭政府還設立了「卓越課程管理委員會」，出台了「卓越課程教學指導綱要」。

美國近 100 年以來先後出台了多項教育改革計劃，課程改革一直是其核心內容，包括著名的美國《2061 計劃》《不讓一個孩子掉隊法案》等。

當然，包括我們國家在內，很多國家的課程改革雖然都搞得轟轟烈烈，但是總的來看，成效不像想像的那麼明顯。

原因何在？

我認真思考過這個問題，認為主要的原因就是，應試主義的教育體制和文憑至上的學歷社會。

在這樣的體系中，人們更關注的是「出身」，關注的是你畢業於甚麼樣的學校，而不是你在這所學校學到了甚麼。由於我們缺乏更為有效的人才甄選辦法，看文憑，看是否畢業於名校，是否有「211」「985」學校的文憑，在國外就是看是否畢業於常春藤學校，這些都成為最簡單、最偷懶的人才評價方式。

當然，這樣的問題，不僅是我們中國的問題，外國人同樣認為，這也是他們國家的問題。

例如，凱文・凱里在《大學的終結：泛在大學與高等教育革命》一書中指出了文憑至上存在的問題，他認為大學文憑其實缺少許多重要的信息，比如學生在學校究竟學到了甚麼，從文憑上是無法看到的。這對那些沒有讀過大學，但是通過閱讀、談話、思考和工作來學習的人來說，是不夠公平的。

所以，他提出要創造一種「遠勝於傳統文憑的新文憑」。

這話聽起來比較拗口，是甚麼意思呢？

我個人認為，這種新文憑，就是能夠全面真實反映人的學習歷程的寫實性課程證書。

我相信，隨着雲計算、大數據的出現，隨着考試與評價的改革，隨着高等教育的進一步普及化，未來社會將逐步淡化文憑的意義，而越來越看重一個人的真才實學，看一個人真正學習了甚麼、擁有了甚麼、掌握了甚麼。

所以，設計一個好的課程體系，把人類最美好的東西傳授給我們的學生，交給學生一生有用的東西，就成為未來教育的基本特徵，也是未來學習中心首先需要考慮的關鍵問題。

我們究竟應該學甚麼？

在古今中外的教育歷史上，課程首先是圍繞着培養目標來設計的。

這個思考，在今天仍然值得我們借鑒。

比如說，中國古代就把「成人」作為教育的主要目標。

所謂「成人」，有名詞和動詞兩種含義。

名詞意義上的「成人」，在中國古代主要指德才兼備的成熟的人，類似於英文的「perfect man」。

動詞意義上的「成人」，則是指成就人的過程。

在中國古代，「成人」就是用「六藝」等美好的教育內容來培養優秀的人才。

我們回到歷史，看看我們當年的「六藝」課程，就是很好的課程。

禮，就是禮儀；樂，就是音樂；射，就是射箭；御，就是駕車；書，就是書畫；術，就是算術。

你看看，這樣的課程，對「成人」這個目標來說，和當時的社會生活是不是密切相關？

這就是為活脫脫的生活而設計的課程，一個古代社會的精英教育的課程。

「六藝」沒有要求學生抽象地去掌握生命以外的東西。

我們也不妨考察一下前面提到的蘇格蘭「卓越課程」計劃中的目標與課程。

在這次改革中，蘇格蘭明確提出了把學生培養成為「成功的學習者、自信的個體、負責任的公民和社會的積極貢獻者」的總體目標。

為了實現這個目標，「卓越課程」包括下面這些課程。

「表達藝術」，從能跟隨音樂哼唱，到掌握聲樂、樂器並能自信地在眾人前表演，還包括藝術與設計、舞蹈、戲劇和音樂等。

「科學」，包括地理、物理、化學及當下的科學話題，如食品、衛生、氣候、能源等。

「技術」，包括技術與社會發展，信息通信技術，技術發展的商業背景，技術發展的計算機基礎，食品與紡織技術與常識，工藝、設計、工程及製圖等。

「數學」，就是數字、貨幣和測量，形狀、位置和運動，數據處理、個人財務管理等。

「語言」，有希臘語、拉丁語等古典語言，還有現代外語、蓋爾語和英語。

「社會研究」，就是人與歷史、社會，人與地域、環境，人與經濟、商業，公民意識、創業意識及經營意識等。

「健康與幸福」，很有意思，我特別說一說。一是精神、情感、社會性及心理健康。希望學生學會負責任地做出選擇和改變，掌握體育常識和運動技能，了解食物與健康的關係，防止酒精、毒品等物品濫用，關注性健康和親子關係等。二是「宗教與道德教育」等。

我們對比一下我們古代的「六藝」，不難看出，蘇格蘭「卓越課程」計劃的課程內容，與孔子的「六藝」，雖然時空距離如此遙遠，但在精

神氣息上，還是有某些相通之處的。從中也不難看出，蘇格蘭「卓越課程」計劃的所有課程都是圍繞學生的生活與生命展開的，就在這些課程中，「以學生為中心」的理念正在萌芽。

那麼，未來的課程究竟應該是怎樣的形態？究竟應該把人類的哪些知識教給學生？不同的課程流派和專家有不同的主張，但是也有一個共同的困境，就是人類知識的無限性與學生學習時間的有限性之間的矛盾。國家主義主張，要把一個國家的價值觀、文化傳統等內容在課程中呈現；科學主義主張，要把科學的原理、規律、方法等知識在課程中呈現；實用主義主張，要把人類生活需要的知識和技能教給學生。

最後，我們可以看到，學生究竟應該學甚麼，最後的結果往往是各種力量的平衡，各種知識與技能的疊加，課程內容越來越多，體量越來越大。

這是一件讓人沮喪的事。

我認為，不斷做加法的課程，根本無法適應未來社會的發展需要。

我舉個研究報告的結論，來表明我的觀點。

人類的科學知識總量，在 19 世紀是每 50 年增加 1 倍，到了 20 世紀初期是每 30 年增加 1 倍，20 世紀 50 年代則是每 10 年增加 1 倍，20 世紀 70 年代是每 5 年增加 1 倍，20 世紀 80 年代是每 3 年增加 1 倍，20 世紀 90 年代以後則增加得更快。

我們要學習那麼多的知識，是一件多麼困難的事。正如莊子曾經說過的那樣：「吾生也有涯，而知也無涯。以有涯隨無涯，殆已！」以有限的生命去學習無限的知識，是很危險的。所以，我們的課程一定要改革。

更重要的是，過去我們是把學習與工作完全分開的。所有的學習都在為今後的工作做準備，學習的課程內容，就是以後職業生涯必須用到的內容。

但是，現在職場的變化日新月異，把學習與工作分開，把學校作為職業的準備的做法已經行不通了。西方的調查表明，一個人一生的職業變化平均高達 10 次左右，而跨行業的變換，則達到 4 次左右。

所以，傳統的做法已經無法適應未來職場的生態。

以生命為基石的真善美課程

那麼，未來需要怎樣的課程體系呢？

我發起的新教育實驗，一直在思考和探索這個問題。

新教育實驗，是一項民間的教育教學改革探索。它是以教師的成長為起點，以營造書香校園、師生共寫隨筆等十大行動為路徑，以幫助新教育共同體過一種幸福完整的教育生活為目的的教育實驗。自 2000 年以來，新教育實驗已經在中國 26 個省市自治區、146 個實驗區、4 200 多所學校中進行不同程度的實踐，極大地改變了學生的生

存狀態、教師的生命狀態和學校的發展模式，改變了許多區域的教育生態。

新教育實驗以「為中國教育探路」為使命，在教師成長、課程研發、學校建設等方面進行了深度探索。

近年來，新教育研究院的新生命教育研究所、新科學教育研究所、新藝術教育研究院等研究機構，正在以新教育實驗卓越課程體系的理論為綱要，全面研發、完善一個個面向未來的卓越課程體系。

我們認為，在以生命的幸福完整為終極目的和當下尺度，以哲學、心理學、教育學、社會學及相關學科理論為潛在的理論工具，以活生生的人為中心的三維空間裡，可以建構起未來課程的體系構架。

我們可以把未來學習中心的基礎課程體系，做成如下的設計。

以生命教育課程為基礎，以智識教育課程、公民教育課程、藝術教育課程為主幹，並以「特色課程」為必要補充。

這些課程的落腳點不同。

生命教育課程，落腳點在「拓展生命的長寬高」。教育首先是為生命而存在的，命都沒有了，還要教育幹嘛？所以，涵養生命是教育的天職。對生命的發現、挖掘、探索和追尋，是教育的永恆主題。生命教育課程以「過一種幸福完整的教育生活」為核心理念，圍繞人的自然生命、社會生命和精神生命展開，旨在引導學生珍愛生命，積極

生活，幸福人生，拓展生命的長度、寬度和高度，從而讓每個人成為最好的自己。

智識教育課程，落腳點在於「真」。智識教育課程包括大科學與大人文課程，類似於通常所說的文理課程，主要包括語文、數學、外語、科學（或物理、化學、生物）、歷史與社會（或歷史與地理）等，這是傳統課程的主幹部分。之所以不用文理課程或智力課程的概念，一方面是我們用融合了哲學、文學、歷史和地理的大人文和融合了數學、物理、化學、生物的大科學的理念重新構建了智識課程；另一方面是因為「智識」能夠更準確地表達我們對於課程本質的思考。因為課程的根本目的不是傳授知識，而是形成用以統領知識的智慧和運用知識的能力，所以主要採取項目制學習與主題性學習的方法進行學習。

公民教育課程，落腳點在於「善」。公民教育課程的目標是培養遵守社會公共道德，認同、理解、遵守與維護我國憲法，關心及參與公共事務，具有獨立思考與敢於承擔責任的能力，對民族的傳統和文化有歸屬感的現代公民。主要包括公民道德、公民價值觀、公民知識和公民參與技能四個方面的內容。我們把公民課程作為實踐性課程，更多以培養社會責任感、領導能力和經濟生活管理能力（財商）為公民教育的抓手。

藝術教育課程，落腳點在於「美」。藝術教育課程的目標是讓學

生在學習藝術的知識、欣賞優秀的作品、習得藝術的技能的基礎上，掌握藝術的思維，擁有藝術的品位，具有藝術的精神，傳承人類的文化，陶冶豐富的情感，培養完善的人格。藝術教育課程不是為了培養職業藝術家，不是藝術尖子和精英的選拔與培育，而是源於兒童天性的自由發揮，注重藝術欣賞力和藝術情懷的培育，是源於藝術（每個兒童的自然天性）、通過藝術（無處不在的中介作用）、為了藝術（藝術化的人生目的與境界）的教育。藝術課程不是簡單的美術和音樂課程，而是融合了美術、音樂、書法、雕塑、創意、電影、戲劇等藝術樣式，用大藝術概念整合的課程。

以上課程，不應該超過學生學習內容總量的 50%。這樣學生就有時間從容地學習自己的「特色課程」。特色課程解決的是「個性」問題。在重新設計智識教育、公民教育和藝術教育課程後，為特色教育課程留下了廣闊的空間。

從人的成長來分析，每個人的知識體系和智慧結構基本上是依靠他自己來建構的。如果所有人都學同樣的課程，就難以形成每個人獨特的知識體系與智慧結構。而沒有充分的時間和空間，學生是無法實現這樣的建構的。因此，必須把學習內容的選擇權，把學習的時間和空間還給學生，才能真正實現這樣的可能。

這些課程應該怎麼設計呢？應該按照學科集群的理念，用知識圖譜來組合相關課程。

這些問題，我過去專門論述過，因為跟我們所說的「學習中心」有點兒遠，我就不在這裡重複了。

學習內容，跟我們今天的學校有何不同？

未來的學習中心，學習內容跟我們今天的學校無疑會有很大的變化。

最顯著的變化，就是學習內容的個人化。不再是一張課程表管所有的學生，不再是所有的人在同一個教室裡學習同樣的課程。也就是說，未來的學生不會與其他學生學習一樣的內容，而是學習滿足個人需要、根據個人定制的內容。每個人的課程表是完全不一樣的。

學習內容個人化

學習內容個人化，將是未來學習中心的一大特色。

有人問我，朱老師，這種想法是不是您的空想？

我說不是的，這個想法，國外早就有人實驗過了。

大約在 20 年前，我就聽說了瑞典的學習內容個人化的實驗。

1992 年，瑞典實施教育券制度，並開放、鼓勵民間辦學，催生了一批不同形態的「自由學校」，其中一些名為「知識學校」的中學，非

常強調個性化學習。

個性化學習是和「知識學校」的概念聯繫在一起的。

知識學校，英文叫 The Knowledge School，它有個基本信念：所有學生都是不同的，他們以不同的方式和不同的速度學習，學校的責任就是適應這些不同，對學生實行個性化的教育。

因為，個性化教育意味着學生的目標、志向和潛力，是學校和教師的工作起點，學校和教師必須依據學生的目標而決定所有的教學內容與方法。

所以，知識學校提倡以「個人目標」導向的教育。任何學生走進學校的大門時，首先需要回答三個問題：你來這所學校想要實現甚麼目標？為了實現這些目標，你需要學會甚麼？為了學會你想學會的東西，你需要怎麼做？

為了幫助學生尋找和確定個人目標，學校實行「導師制」。知識學校認為，就像運動員需要與教練討論自己的訓練和進度一樣，學生需要與老師討論自己的學習，獲得個性化的指導（coaching）。

在知識學校，每個學生都有一位專屬於自己的導師，導師不一定對學生所學習的所有科目都精通，但都是學習行為的專家。他們對學生的在校學習做全程輔導，每週與學生單獨會見一次，一起就目標的執行情況進行討論，跟蹤學生的學習進展，訓練學生制訂計劃、提升學習策略。

知識學校的課程分兩種學習方式：階段式（steps）學習，主要涉及語文與數學；主題式（themes）學習，例如通過「星星」主題課程，可以融會貫通地學習歷史、宗教、食品技術、地理、藝術、戲劇、音樂、舞蹈等。

未來，學習中心的學習內容，也完全可以是主題式的學習。

我學甚麼，我說了算，而不是學校說了算

自己決定學習的主要內容，決定學習的進度，而不是由別人安排，是未來學習中心的另一個特點。

一個歐洲的例子，足以說明這個特點。

在芬蘭，有一所叫 Martinlaakson 的學校。

學校裡，有位叫佩卡・佩烏拉（Pekka Peura）的高中數學與物理老師，自稱「教育黑客」，是芬蘭推動個性化學習最有名的先鋒教師。

關於個性化學習，他有一些基本理念：只要節奏適當，每個學生都能學習；以講授為主的教學只適合少數學生，對大多數人來說，傳統授課不是太慢就是太快，統一的講授進度只滿足了 20% 左右的學生，剩下 80% 左右的學生要麼「吃不飽」，要麼聽不懂，課堂時間基本被浪費；當學生被要求反思、與他人討論時，學習更有效；老師的工作是幫助學生識別他們的技能和學習方式；大多數傳統的評估是毫無意義的，不能衡量學生的實際知識水平，相反，它們會對許多學

生造成不適當的壓力，降低他們的生活質量。

因此，佩卡在自己的教室裡摒棄了傳統的講授方式，把學習的決定權交給學生，讓學生按照自己的進度學習。

這一點，我們今天的學校很難做到，但在未來的學習中心呢？完全可以這麼做。

我們還是先看看這位芬蘭老師的具體做法是甚麼。

首先，學生充分利用各種學習資源，或獨立，或自願組成小組，學習新的內容。隨後，他們通過老師精心設計的練習不斷鞏固、檢驗自己掌握新內容的程度，並根據老師提供的準則（rubric）為自己打分。這些練習有核心、中級、高級水平之分，為進入下一級，學生需要順利通過「關卡」，「關卡」包括自我測試和自評。在此基礎上，學生自行決定甚麼時候開始學習下一個主題的內容。

通過這種方式，快速學習者通過自主學習可以很快掌握新內容，而較慢的學習者可能只會通過第一道「關卡」，但他們在學習過程中會得到教師的一對一指導和來自同組的進度較快的同伴的幫助。

作為學習的引導者，佩卡會不斷要求學生反思，反思自己是否需要更多的幫助，是否對一個學習主題有一個基本的把握，或是已經完全掌握了某一主題。這樣，佩卡可以摸清班裡每個學生在學習新內容過程中所產生的思維誤區，並根據學生的優劣勢進行有針對性的教學指導。

隨着課程的持續，能力強的學生會不斷主動進階，「吃不飽」的現象不復存在。而「學困生」也會在教師和同學的幫助下掌握基本的內容，順利進入下一階段的學習。

通過這種方式，學生能夠做到按照自己的速度和節奏學習。最終，學生會根據自己在各「關卡」的表現和學習進展情況，為自己在這門課的表現打分，該分數經過老師的認可後，會作為學生學習這門課的終評。

不管你是老師，還是家長，你想想這樣做是否合理？

如果合理的話，你再想想，在你孩子身上可以這麼做嗎？

我懷疑，很多人會說不可以。

為甚麼不可以呢？

我們對學生的控制慾太強了。我們總覺得，他們是學生，我們是老師，歸根結底，我們沒有把學生當作學習的主人。

我們再看看，芬蘭的這位老師是怎麼做的。

為了真正讓學生成為學習的主人，佩卡在以下三個方面進行了努力。

第一，減少對學生學習的控制，要相信學生的學習能力和學習慾望。老師可以設立學習目標和學習內容，但對於如何學、花多長時間學、學到甚麼程度，應由學生基於個人興趣和動力自行決定，通過這種方式讓學生獲得學習的自主性。

第二，為學生提供學習路徑（learning paths），讓每個學生都有一個結構化的個性學習計劃，讓他們不會因為對某一個主題完全不感興趣而放棄這個主題的學習，但學生可以決定自己學習的深度。

　　第三，讓學生不斷進行自評和反思，自評沒有分數或排名，目的只有一個：讓學生確認自己是否掌握了某一個主題或概念。通過自評，學生了解了自己的學習進度，只有當學生需要幫助時老師才介入。

　　我所説的這個案例，重點是甚麼？就是讓學生成為學習的主人。

　　其實，這樣的學校中國也有。從 2010 年開始，上海市實驗學校就開始建設「特需課程」。它不同於一般意義上的研究型課程，而是由學生提出需求，學校為其量身打造課程。從最初每年只有 7 名學生選報這門「特需課程」，到後來超過 50% 的學生可以憑興趣提出「特需」，教師為其「特備」個性化教學方案，學校為其「特供」學習環境和資源。

　　2019 年初，我到北大附中考察了探月學院。這是一所怎樣的學校呢？創辦人王熙喬是北大附中的一個高中畢業生，拿到國外名牌大學錄取通知書以後，沒有去讀書，而是就在母校北大附中辦了一個探月學院。他們的團隊以 20 多歲的年輕人為主，已經拿到了 5 000 萬元的資助。

　　我在他們辦公室裡看到他們用來激勵自己的一句名言：「人類文明的延續是教育和災難的比賽。」也就是説，我們人類文明究竟能不

能發展，能不能戰勝各種各樣的災難，取決於我們的教育。這些年輕人有很強的使命感，他們的夢想是要培養有強烈熱情、內心成熟的個體和積極行動的公民。他們做了很多不一樣的課程設計。

所以，未來的學習中心，不會像今天的學校，它們會讓學生成長為具備自我管理能力的學習者，數學或物理能力的提升只是學習的「副產品」，更重要的是，學生作為人的成長，具備了學習的內在動力和「當學習的主人」的意識。

未來學習中心的課程，不再像今天這樣，彼此之間有這麼多的「牆」

2016 年 11 月 29 日，《中國教育報》有兩個記者，一個叫劉博智，一個叫董魯皖龍，他們發表了一篇名為「STEM 來了，學科之間如何『拆牆』」的文章。

把 STEM 的興起視為一場學科之間的「拆牆」運動。這是一個頗有意思的比喻。

我們可以結合這件事，遙想一下：未來學習中心的課程是甚麼？學生都在學甚麼？

STEM，一看就是外國人的詞。這是四個英文單詞首字母的合寫：第一個是 Science，科學；第二個是 Technology，技術；第三個Engineering，工程；第四個是 Mathematics，數學。

這個詞，重點講的是學生四個方面的教育：

一是科學素養，即運用科學知識，比如物理、化學、生物科學和地球空間科學，理解自然界並參與影響自然界的過程。

二是技術素養，即使用、管理、理解和評價技術的能力。

三是工程素養，即對技術工程設計與開發過程的理解。

四是數學素養，即學生發現、表達、解釋和解決多種情境下的數學問題的能力。

沒有哪一個概念是從天上掉下來的，是無緣無故的。

STEM 與西方 20 世紀五六十年代的「STS 教育」（科學、技術和社會教育）有一定的關聯。

那時候，科學技術發展帶來的社會問題，尤其是環境污染開始危害生物的生存空間，引起了有識之士的廣泛關注。

究竟核能是否應該發展？

世界人口應怎樣控制？

怎樣避免戰爭和環境污染？

基於對這些問題的關注和思考，逐漸興起了一個跨學科的新的研究領域：STS。

20 世紀六七十年代，美國一些著名的大學先後開展了專門的「科學、技術和社會研究計劃」。如哈佛大學在 1964 年，康奈爾大學在 1969 年，史丹福大學在 1971 年，麻省理工學院在 1979 年，都先後成

立了科學、技術和社會的研究和教學機構。

我曾在蘇州大學任教授一職，該大學在 20 世紀 80 年代也引進了 STS，並且根據 STS 的理念編寫了全套中學物理教材。這套教材曾經風靡全國，也讓蘇州大學的中學物理教學在教育界很有影響力。

美國是最早明確提出 STEM 的國家，最初主要在高等教育領域，後來逐步延伸到基礎教育領域。

1986 年，美國國家科學委員會（NSB）發表了《本科的科學、數學和工程教育》報告，這是美國 STEM 教育集成戰略的里程碑。它首次明確提出了「科學、技術、工程和數學教育集成」的綱領性建議。

1996 年，美國國家科學基金會（NSF）再次對 10 年進展進行了回顧，同時明確把 STEM 的重點轉移到中小學教育階段，並開始用「SMET」作為「科學、數學、工程和技術」四門學科的縮寫，後改為「STEM」。

2006 年 1 月 31 日，時任美國總統布殊在國情咨文中公佈了《美國競爭力計劃》（American Competitiveness Initiative，ACI），提出知識經濟時代的教育目標之一是培養具有 STEM 素養的人才，並稱其為全球競爭力的關鍵。

由此，美國在 STEM 教育方面不斷加大投入，鼓勵學生主修科學、技術、工程和數學，培養其科技理工素養。2008—2013 年，美國國家年度教師獎的 6 位獲獎者中，有一半是 STEM 教師。

2009 年 1 月 11 日，美國國家科學委員會給美國時任總統奧巴馬寫了一封公開信，主題就是「改善所有美國學生的科學、技術、工程和數學教育」。信中明確指出：國家的經濟繁榮和安全要求美國保持科學和技術的世界領先和指導地位。大學前的 STEM 教育是建立領導地位的基礎，而且應當是國家最重要的任務之一。

2015 年，奧巴馬撥款 29 億美元建立 STEM 教育體系，包括教師培養、招聘和培訓，學區建設，教育研究等。

2016 年 9 月 14 日，美國研究所與美國教育部聯合發佈了《教育中的創新願景》，提出了六個願景，力求在實踐社區、活動設計、教育經驗、學習空間、學習測量、社會文化環境等方面促進 STEM 教育的發展，以確保各年齡階段以及各類型的學習者都能享有優質的 STEM 學習體驗，解決 STEM 教育公平問題，進而保持美國的競爭力。

說到這裡，我們可以思考，未來的學習中心，能夠從中得到甚麼啟發呢？

STEM 提出以來，內容也經歷了不斷的補充和完善。美國弗吉尼亞大學的學者認為應該將 STEM 變為 STEAM，STEAM 中的 A（Art），包括美術、音樂、語言、人文、形體藝術等，強調了 STEM 的藝術與人文屬性，試圖用人文素養彌補科學精神的短板。

近年來又有學者認為寫作非常重要，在 STEAM 的基礎上增加

了反映讀寫能力的「R」（Reading and writing ability），使之成為一個超越了傳統科學意義上的跨學科式整合的課程。

儘管對 STEM 有不同的理解，但是對以下兩個基本特徵，學界還是達成了共識。

第一，多學科整合。也就是說，從學習的內容來看，STEM 課程強調多學科的整合。這種整合按照美國馬里蘭大學的赫施巴赫教授的說法，主要有相關課程模式和廣域課程模式，前者仍然有各個學科的概念，但是注重學科間的聯繫；後者則取消了學科間的界限。

第二，重視實踐能力的培養。也就是說，從學習的方法來看，STEM 課程一般都以項目學習作為基本支撐，以開放性的真實問題作為導向，讓學生圍繞項目解決問題、完成任務。

一個典型的 STEM 課堂，往往在包含多門學科的複雜情境中強調學生的實踐能力與問題解決能力。

未來的學習中心，很多課程也會如此。

這不是天方夜譚，最近幾年，沒有課程「圍牆」的 STEAM，在中國也得到了前所未有的重視。

2015 年 9 月，教育部《關於「十三五」期間全面深入推進教育信息化工作的指導意見（徵求意見稿）》中指出，「有條件的地區要積極探索新技術手段在教學過程中的日常應用，有效利用信息技術推進『眾創空間』建設，探索 STEAM 教育、創客教育等新教育模式，使

學生具有較強的信息意識與創新意識」，這是 STEAM 第一次出現在我國教育政策的文本當中。

與此同時，STEM 課程也悄悄進入了各地的課堂。

有人擔心，STEM 在中國也面臨水土不服和中國化的問題。比如，STEM 教師嚴重短缺。

我認為，大可不必擔心這個問題。即使在美國，師資配置仍然存在着嚴重的問題。當然，以分科課程為主的我國，問題更嚴峻。

但我相信，在大趨勢面前，所有的問題都不是問題。

只要相信未來的學校會被學習中心所取代，未來的課程之「牆」會在學習中心被打破，這些問題都會迎刃而解。例如，新教育研究院就已經成立了新科學教育研究所，在對國外 STEAM 教學研究的基礎上，將推出中國人自己的項目學習課程，並且在培訓教師方面做出系統的跟進。

除此之外，新教育研究院還研製了其他許多課程，如新生命課程。該課程主要以《新生命教育》讀本為載體。

這個讀本，就體現了人與自我、人與他人、人與社會、人與自然的內在整合，課程內容涉及中小學的思想品德、政治、體育與健康、自然、科學、社會、歷史等多學科的整合，涉及安全教育、心理健康、禁毒教育、環境教育、可持續發展教育等多個主題內容的整合，是一門多主題、跨學科的綜合性課程。

未來，在學習中心可以看到，這樣的課程隨處可見。如未來的人文課程，可能就是融合了語文、歷史、地理、哲學等學科的大人文。

這裡的學科融合的思路，如果通俗、簡單地說，就是大人文、大科學。

學習內容的定制化

為甚麼說未來學習中心的課程是以定制化為主要特徵？我個人認為有以下幾個方面的原因。

第一，傳統的把一個人的人生分為學習與工作兩個截然不同、涇渭分明的階段的時代，將不復存在。過去學校教育是為職業生活做準備的，一個人一生的職業也是從一而終、很少轉換的。現在發達國家平均一個人一生會從事 10 種左右的職業。要想在學校學習期間儲備好未來需要的所有知識，無疑是天方夜譚。終身學習將成為未來社會的一個基本特徵。在終身學習的社會，一個人沒有必要預先儲備許多一輩子派不上用處的知識，而是在具備初級知識的基礎上自己去探求知識，自己去建構自己的知識體系。

第二，傳統的學習以被動式學習為主，學習內容、學習時間、學習方式都是統一規定好的、預設的，學生消極被動地接受大量他們不感興趣的課程。在一個教室裡不同的學生在同步學習過於艱深或者簡單的內容，有些人根本聽不懂，有些人早已經很了解。而主動式的

學習則完全不一樣。如今，一個 5 歲的小孩已經可以開始主動學習的歷程。跟他講他不感興趣的東西，他毫無聽下去的耐心，但是他卻可以樂此不疲地在手機上用語音尋找他喜歡的各種知識。

第三，每個人都是一個獨特的世界。傳統的教育是用統一的課程、統一的內容、統一的考試，把本來各不相同、具有無限可能性的人培養成「單向度的人」。教育自然要有基本的要求，需要培養共同的價值觀，但是教育不能用同一個尺度去要求所有的人。要讓每個人成為自己，首先就需要他按照自己的需求去學習，在學習的過程中尋找自己、發現自己、成就自己。所以，他需要到各種學習中心尋找適合自己的課程與學習夥伴，定制自己需要的學習內容，按照自己的節奏學習相關的課程。

現在統一的課程佔據了 80%～90% 的份額，自然很難培養出具有個性的人才。未來統一的課程比例會大大降低，定制化和個性化的課程會逐步增加。學生在網絡上尋找適合自己的老師，老師也可以在不同的學習中心招收學生。

日本學者矢倉久泰在《學歷社會》一書中描述過學歷社會的四個特徵。

第一，教育的目的從「旨在獲得職業與生活所必要的知識與技能」轉變成「獲得高地位的職業」。

第二，文憑是社會最重要的通行證，它既是人們提高自身社會地

位的標誌，又是求職、晉升的手段。

第三，考試作為選拔和獲得文憑的主要手段，普遍存在於教育過程和升學過程中。

第四，成績或分數在教育中佔據主要位置，容易產生激烈的升學競爭，以及大量被迫為考試和升學而學習的厭學者。

對照這四個特點，我們的社會的確仍然屬於這樣的學歷社會。

在一個學歷主義、文憑至上的社會，所有的課程更多是獲取文憑的工具，文憑才是打開這個世界之門的鑰匙。

而在一個終身學習的社會裡，你畢業於甚麼學校、擁有甚麼文憑將不再重要。重要的是，你究竟學習了甚麼，你究竟具有怎樣的知識結構與獨門絕活。與眾不同，才能創新未來。所以，課程為王的時代終將到來。

為甚麼所有人都要學得這麼難？

現在學生學習難度很大，這已經成為世界各國一個共同的問題。

為甚麼我們的學生必須學習如此難的知識？

一個重要的原因是參與課程大綱制定和教材編寫的科學家過於強調自己學科體系的完整性、系統性，強調反映學科發展的歷史與最新的科學研究成果，結果自然是不斷做加法。

現在的學校課程體系差不多是 100 多年前的體系，那個時代的科

學技術發展與今日不可同日而語。以自然科學為例，數學、物理、化學、生物四門學科其實已經遠遠不能夠反映現代科學技術的全貌了。

究竟應該讓學生學習哪些知識？是否需要每個學生都學習所有的科學內容？這些問題本身就值得研究。如果每個領域的科學家都在自覺或不自覺地把自己學科的知識儘可能多地放到中小學，也就會自覺或不自覺地增加學習的難度。

其實，科學方法、科學精神、科學思維遠遠比科學知識本身重要。

每個學生都有不同的興趣愛好、不同的學習經歷、不同的學科優勢，用統一的要求，讓所有的學生學得很難，反而會壓抑學生學習的主動性和積極性。

正確的辦法，應該是大幅降低課程的難度。對所有的學生來說，只要掌握最基礎、最簡單、最能夠滿足人們基本生活需要的知識，具有承擔一個公民的基本義務的能力，就完全可以了。其他的內容則可以通過選修課程的方式，滿足不同學生的個性需要。

對那些準備成為科學家的學生來說，可以選修難度系數更高的科學課程繼續學習。對未來學習中心的絕大部分學生來說，學習的內容會更加豐富、更加精準、更加個性化。

對一個愛好文學的人來說，就不一定只是按照傳統的文本學習古典文學、現代文學和當代文學，他可以專門學燈謎、研究楹聯，也可以專門創作小説、製作電影，還可以寫劇本、演戲劇，甚至可以專門

研究某一種地方戲劇等。

另外一個重要的原因就是，現在的學校是以升學為主要目標的，現在的考試評價更是以鑒別與選拔為主要目標的。所有的指向都是學術性與區分度，考試太簡單就不容易區分學生掌握知識的水平，所以，學習內容越來越多、越來越難，考試內容越來越深、越來越怪。

在我國的高中，差不多所有的學生都是按照清華大學、北京大學等名牌學校的要求來進行學習的，考不上名牌大學的學生就成為學習的失敗者，成為陪讀生。因為我們只有一個標準：能否考取名牌大學；只有一個評價指標：考取名牌大學與本科的比例。

在這樣的目標驅動下，我們自然會層層加碼，不斷增加學習的難度。中國教育科學研究院的一項跨國比較研究表明，雖然我們的理科教材難度在全世界並不是最高的，但是我們的學校和老師因為考試的壓力，在教學過程中層層加碼，不斷增加內容、提高難度，導致中國學生的課業負擔非常重。

其實，對絕大多數學生來說，我們是沒有必要學習那麼艱深、困難的內容的。相反，應該大幅降低難度，減少指定性和強制性的學習內容，讓學生有更多的自由選擇空間，這才是未來學習中心的發展方向。

孔子「因材施教」的教育思想，為甚麼在未來教育中能夠實現？

現在我們的教育有太多的強制性，從上甚麼學校到學甚麼內容，從何時上學到何時放假休學，學生和教師基本上是沒有話語權的。

我認為，未來的教育，應該更多讓人們自由地選擇學習的時間、學習的地點、學習的內容、學習的方法，以及向誰學習。這是未來教育改革一個非常重要的方向。

如我們現在規定所有學生都必須早上 8 點上學，很多學生 6 點就要從家裡出發去學校，這本身不符合人的作息特性。有的人是貓頭鷹型，有的人是百靈鳥型，每個人個性不一樣，習慣不一樣，為甚麼硬要在同一個時間讓人去做同樣的事情呢？

現在的教育政策是限制擇校的。教育行政部門規定只能夠就近入學，有些地方還搞起了「多校劃片」入學。

其實，這只是優質教育資源短缺情況下一個無奈的辦法。真正理想的教育是不應該限制選擇的。因為選擇是人的自由，選擇是競爭的方法，有競爭才能有進步。

我們現在教育所做的很多工作，尤其是政府很多政策的出發點，都是在限制選擇。這在本質上是不符合教育規律的，限制選擇會影響質量的提升。品質是在競爭中才能提升的，選擇才能引起競爭，競爭才能提升品質，這是一個良性的循環。

未來，我們的教育資源配置是在全球進行的，是超越了各個國家、各個地區、各種機構、各種媒介，打破了時間和空間的限制而進行的。所以，未來的教育一定充滿了選擇的可能性，讓所有人都能選擇最適合自己的教育，這是一個方向。

　　在保證基本品質的前提下，把選擇的自由還給消費者，還給學習者，是未來教育變革的趨勢。因此，在未來的學習中心，孔子提出的「因材施教」才能夠真正成為可能。

第六章

學習中心，怎麼學？

前面一章，我跟大家討論了「學習中心，學甚麼？」

　　這一章，我接着跟各位討論「學習中心，怎麼學？」

　　答案很簡單，無非就是線上線下相結合，個人與團隊相結合，時間和空間被打破。

　　以前，我一直覺得，幾句話就能説完的事情，還有必要展開説嗎？

　　跟一些朋友，特別是教育界之外的朋友交流之後，我覺得很有必要，因為很多人不理解，為甚麼要這樣學，這樣學到底有甚麼好處。

　　所以，我把這一章的內容分成三節。

　　第一節，我先跟大家討論一個問題，學習到底應該以甚麼為中心？我的意見是，以學生為中心。

你可能會覺得，這不是廢話嗎？

真的不是廢話，我們現在的教育，很多時候就不是以學生為中心，而是以知識為中心，大家看重的是文憑所代表的學歷，而不是學習經歷，更不是學習能力。

以學生為中心，就應該採取以學定教的個性化學習，可是，聽起來這麼淺顯的道理，為甚麼在實踐中沒有落實呢？

這就是第二節要講的內容，我們目前的教學方式，存在哪些毛病。

最後，在第三節，我們言歸正傳，談談未來的學習中心，到底怎麼學。

學習到底以甚麼為中心？

以學生為中心，不是以知識為中心

以學生為中心，是對以知識為中心的發展。

20 世紀五六十年代之前，教育是以知識為中心的。

世界範圍內，從 20 世紀七八十年代開始，教育中對「素養」「能力」的關注日益成為主流，教育開始呼籲以學生為中心。到今天，雖然我們還沒有真正做到，但是，從內心深處的觀念來看，我們已經接受了。為甚麼會這樣呢？

其根本原因，是過去以傳授知識為主要目標的教育，在信息革命摧枯拉朽的攻勢下束手無策，因此把原有的教育目標調整為學會學習、加強素養的新目標。這是信息時代促使的教育的改變，也是教育對信息時代的回答，是對以學生為中心的呼喚。

下面，我分兩條線索，簡要歸納一下，世界各國 30 年來對「以學生為中心」的理解與探索。

第一條線索是世界各國對「以學生為中心」的理解，這條線索比較冗長。第二條線索，就是世界各國對「以學生為中心」的探索。

我們先看第一條線索。

1979 年，羅馬俱樂部發佈了《學無止境》的報告，提出人類存在「維持性學習」和「革新性學習」兩種類型。前者以知識的學習和積累為特徵，後者則以學生的能力和習慣的養成為特徵。

從此以後，世界各國普遍開始重新審視學習與教育的問題，關注學習力，比如核心素養、技能培養與習慣養成。

1996 年，國際 21 世紀教育委員會向聯合國教科文組織提交了德洛爾報告《教育：財富蘊藏其中》，提出了學習的「四大支柱」問題，認為教育僅從數量上去滿足那種無止境的「知識和技能」需求，既不可能也不合適。應圍繞四種基本學習加以安排，它將成為每一個人一生中的四根「知識支柱」。

後來，又補充完善為「五大支柱」。

學會求知（learning to know），包括學會如何學習，提升專注力、記憶力和思考力。

學會做事（learning to do），包括職業技能、社會行為、團隊合作、創新進取和冒險精神。

學會共處（learning to live together），包括認識自己和他人的能力、同理心和實現共同目標的能力。

學會發展（learning to be），包括促進自我實現、豐富人格特質、多樣化表達能力和責任承諾。

學會改變（learning to change），包括接受改變、適應改變、積極改變和引導改變。

五大支柱，就是以五個「學會」命名的。

2005 年，歐盟發表了《終身學習核心素養：歐洲參考架構》，正式提出終身學習的「八大素養說」。八大核心素養分別為母語溝通，外語溝通，數學能力及基本科技能力，信息處理能力，學會如何學習，人際、跨文化與社會能力及公民能力，創業家精神，以及文化表達，同時提出貫穿於八大核心素養之中的共同能力，如批判性思維、創造力等。這裡的共同能力就是學習力的另外一種表述。

之後，美國 21 世紀技能聯盟、新加坡教育部、韓國教育部接連發表了幾份報告，雖然名稱不同、提法不同，如一方說「三層技能」，另一方說「六大素養」，但是方向都是一致的，都是對以知識為中心的糾偏。

2016 年，北京師範大學發佈了一份報告，主題是「中國學生發展核心素養」，這份總體框架性質的報告，是受教育部委託研制的。

我們看看這份報告提出了甚麼。核心，就是培養「全面發展的人」。內容分為文化基礎、自主發展、社會參與，綜合表現為人文底蘊、科學精神、學會學習、健康生活、責任擔當、實踐創新等六大素養，具體細化為國家認同等 18 個基本要點。

說了這麼多國家，這麼多年的思考，概括起來，其實是想說一個

問題：教育在信息時代下的新目標，是將「教育」一詞中更多泛指傳授知識技能的「教」，向更多實指學生成長的「學」轉變。這是教育進入以人為本階段的共同選擇，也是世界教育改革的大勢所趨。

接下來，詳細闡述一下前文提過的第二條線索，世界各國「以學生為中心」的探索。我簡單介紹一下對美國瑟谷學校的探索。

瑟谷學校，英文名字叫 Sudbury Valley School，到 2018 年已經有 50 年的歷史了。

這所學校的建立，跟我們今天看到的一些民辦學校的創立頗為相似 —— 那些對傳統學校學習方式不滿意的父母，組織起來，進行教育自救，想按照自己的理念，辦一所讓自己的孩子感到快樂的學校。

瑟谷學校的籌建者，背景多種多樣，有的來自學術界，有的來自商界，有的來自藝術界，各種各樣的父母，各種各樣對教育有熱情的人聚集在一起，開辦了這樣一所學校。

大家身份不同，背景不同，但是基本的教育理念是一致的。比如說，他們相信兒童是這個世界上最勤奮、最高效的學習者，他們相信學習這件事主要靠學生自我激勵的好奇心，而不是老師拿着教鞭「趕鴨子上架」。

這所學校剛創立的時候，就形成了一整套以學生為中心，而不是以知識為中心的教學理念。我在這裡簡單地介紹幾條，比如說，自由是學校的核心，自由是學生的權利，是不能夠被侵犯的；獨立造就領

袖,只有尊重學生的獨立意識,給他們獨立管理、獨立行動的權利,他們才能成長得更好。諸如此類,在這裡就不一一列舉了。

國內有兩本簡體中文版的書,都是以瑟谷學校與眾不同的教育理念為主題的,大家有興趣可以看一看。

就像讀《紅樓夢》一樣,每個人讀完之後,所思所想都不盡相同。每個了解瑟谷學校的人,對這所學校的解讀也不會一樣。對我來說,我對瑟谷學校最感興趣的,最在乎的,是它以學生為中心的教育理念。我一直關注這所學校,看它是怎麼把以學生為中心的教育理念落實到實處,落實到細節的。

過去,總有人問我,朱老師,您說要以學生為中心,到底怎麼做才算以學生為中心?

我們不妨看看瑟谷學校。所謂的以學生為中心,首先體現在管理上。這所學校相信學生,敢於將個人事務全部交給學生自主管理。

不像我們國內的學校,瑟谷學校的學生是混齡的,從小朋友到成年人都有。在這所學校,不管你年紀有多大,只要你一進入這所學校,你就要為自己負責任,你的未來由你自己去規劃,你的個人事務都由你自己來決定,學校只給你提供相應的指引,學校裡的教室、工作室、圖書館、設備,這些都是公共資源,全部歸學生使用,你想怎麼使用就怎麼使用。教師也好,員工也好,他們就像餐館的服務員,隨時等待你去找他們。如果你不找他們,對不起,他們比國內的餐館

服務員還要克制，還要被動，他們不會去主動找你的。

大家可以想想，在我們的學校，這樣做是不是天方夜譚？

但是，瑟谷學校做到了。因為，瑟谷學校不像傳統的學校，它沒有班級制度，沒有班長，沒有學習委員，更沒有班主任，學生只是按照興趣點，組成一個又一個興趣小組。

瑟谷學校的學生，在共同的興趣當中，自己去管理，自己去制訂計劃，然後考慮怎麼實施。興趣這個東西是變化多端的，今天有這個興趣，明天有那個興趣。早上突然冒出來說我有這個興趣，中午就沒有了，那怎麼辦？

沒關係，怎麼辦都由學生自己決定。

個人管理就是你從生活到學習，凡是屬於個人事務的，都由你自己來決定。你的興趣轉移了，不在這裡了，你就可以離開這個興趣小組，你們幾個人都沒有興趣了，你們這個興趣小組就可以馬上解散。

不單是個人事務，連這所學校的大事，也是由學生參與管理的。剛開始，我看到這一點，覺得很驚訝，這怎麼能叫以學生為中心？這跟以學生為中心有甚麼關係呢？後來想想，在他們的邏輯當中，這就是以學生為中心。

比如說，這所學校的校務會議，每個學生都有表決權，都有一票。這一票，和老師是一樣的。

在這所學校裡面，幾乎所有的事務，從財務到人事，都由校務會議來決策。這種情況下，學生一人一票，就意味着學生變成了學校真正的主人。老師能不能夠續聘，這件事在傳統學校都由校長説了算，學生當然也有影響，但是這種影響是間接的。比如説一群學生集體反映哪個老師不好，哪個老師不適合再教書了。

在瑟谷學校，學生要對老師投票，大家投票的結果將決定一個老師的去留，決定一個老師能不能續聘，能不能接着當老師。

以學生為中心，而不是以知識為中心，還體現在瑟谷學校的學制上。

這所學校鼓勵每一個學生做想做的事，你想在五年級的時候學數學，你就五年級的時候學數學，你想到高中的時候才學數學也可以。總的來説，你的學習時間表都是由你自己決定的，你的事情你自己做主。

這樣一來，每一個學生都知道，甚麼事情對我來説是最重要的，甚麼事情是我最想做的。

看到這裡，是不是會產生疑問：這樣的學校培養出的學生會不會變得過於散漫，過於自由，最後不能融入社會？

這種擔心是多餘的。

有人對這所學校建校 50 年來的畢業生進行了跟蹤調查，結果發現，這所學校的畢業生的管理才能要比許多學校優秀得多。管理人才

是這所學校的畢業生的一大亮點。

我一直很遺憾，我個人迄今為止還沒有到這所學校參觀學習過。我不知道這所學校未來到底能走多遠，這所學校在辦學過程中，是不是還存在着一些我們不知道的問題。這些，我都希望有機會去實地參觀調研，去發現、去思考。

但不管怎麼樣，我相信以學生為中心，要比以知識為中心更好。

我看到的資料説，瑟谷學校的畢業生就業情況很好，不管他們在甚麼工作崗位上工作，擔任主管、修車工也好，做音樂家、藝術家也好，他們都非常獨立，自我意識很清晰，人生目標很明確。

這一點，在邏輯上是成立的。我相信，以學生為中心，比起以知識為中心，更容易出現這樣的結果。

學力重要，學歷不重要

在未來的社會，學力將比學歷更重要。學歷只證明着過去，學力才意味着未來。如果我們不能夠成為一個善於學習的人，我們將會被時代淘汰。

2015 年，世界教育創新峰會做過一次很有意思的調查，結果發現，在不久的未來，人們對學歷和文憑的興趣會大大降低，而能力的發展、同行的評價，尤其是個人的實踐能力，將會變得更加重要（見圖 6.1 和圖 6.2）。

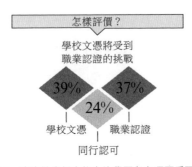

圖 6.1 未來社會個人能力比學歷與文憑更重要（1）

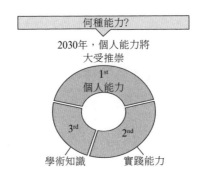

圖 6.2 未來社會個人能力比學歷與文憑更重要（2）

　　幸運的是，當下這個時代給我們提供了許多學習和能力成長的機會。無論是網絡上的慕課學習，還是傳統的閱讀自學，甚至許多正規大學也開設了網絡課程，學習之後可以積累學分⋯⋯總而言之，一個真正有志於學習的人，肯定能夠走出一條適合自己的學習之路，從而

走上一條風景更美好的人生之路。

現在國家倡導「大眾創業，萬眾創新」。但真正的創造、真正的創業創新，絕不是空穴來風，而是要廣泛汲取前人的智慧，審時度勢應對今天的挑戰。

沒有良好的學習，就不可能有真正的創造；沒有豐沛的學力，就不可能有蓬勃的創造力。

以學定教的個性化學習

未來的學習中心，無疑會採取一種「以學定教」的個性化學習。

所謂以學定教，就是依據學生的具體情況（學情）來確定教學的起點、方法和策略。

這裡的學情包括學生的知識、能力基礎，學生的年段認知水準，學生課前的預習程度，學生對新知的情緒狀態等學習主體的基本情況。

如何將學情數據化？現在可以藉助人工智能技術，對學習記錄進行有效的分析。當前的評價標準雖然只有考試的分數，但是分數相同的學生，其能力、方法、知識掌握水平其實是不一樣的。好未來做過一個有意思的實驗，發現有的學生平日的做題正確率很高，但考試時

總是做不完。通過對課堂記錄進行分析，發現他是每完成一道題就檢查一道，所以每次考試都做不完。幫助其調整方法後，這個學生的成績一下子就提高了。所以，分數相同的學生，其真實能力可能是大不相同的。

而「定教」，就是確定教學的起點不過低或過高，在恰當的起點上選擇最合適的教學內容，最優化的教學方法，讓每一位學生達到最大可能的發展。

可見，以學定教其實就是一種個性化教育。其實，以學定教，也可以說是以教助學，是以學生的學習為中心的教學。

21世紀以來，個性化教育與個性化學習已經成為世界範圍內一種強勁的教育思潮。2006年，經濟合作與發展組織發表了《面向明日之學校教育：使教育個性化》的報告，將個性化教育作為應對變革時代的重要教育議程，認為「一刀切」的學校知識和組織安排既不適合個人需要，也和知識社會的發展格格不入。

2010年，我國頒佈的《國家中長期教育改革和發展規劃綱要（2010—2020年）》也明確提出，要「關注學生不同特點和個性差異，發展每一個學生的優勢潛能」，為每個學生提供「適合的教育」。

這麼做的好處，不是我們憑感覺、拍腦袋得出來的結論。2013年，美國非營利性研究機構蘭德公司（RAND）在比爾・蓋茨及梅琳達・蓋茨基金會的委託與資助下，對個性化學習進行了迄今為止最大

規模的研究，並於 2015 年發佈了研究結論，證實了這個結論。

這份報告通過對全美 62 所 K-12（美國基礎教育的統稱）學校、近萬名學生的研究發現，在實施個性化教育的學校，學生平均閱讀與數學能力顯著提升，且平均提升程度顯著高於沒有實施個性化教育的學校的學生。很多起始表現低於國家平均水平的學生，經過兩年的個性化學習，閱讀和數學能力都超過了國家平均水平，且比同齡人表現出更大的進步，尤其是在數學方面。

近年來，個性化教育與個性化學習的夢想在以物聯網、雲計算等技術的成熟為基礎的大數據時代有了得以實現的可能。在大數據時代，教育過程中的一切行為都可以轉化為教育大數據，通過對教育大數據的採集、處理和分析，可以構建學習者學習行為相關模型，分析學習者已有學習行為，並對學習者的未來學習趨勢進行科學預測，為學生的自我學習監控、教師的教學決策和教育機構的教育決策提供更精細化的服務。

改變大班學習的毛病

從學校規模來說，我們的學校都是大規模，五六千人，甚至萬人以上的學校比比皆是。我們的行政管理部門，甚至我們的校長教師，還美其名曰「規模出效率」。

我們知道，這種思維是現代學校制度基因中帶來的毛病。最早

的西方義務教育制度，就是伴隨着工業革命規模化生產的要求而出現的，它強調的是效率，強調的是規模，要用最少的投入去實現教育效率的最大化，自然對個性化重視不夠。我一直主張，不應該辦大規模學校，因為大規模學校是把人作為機器來進行程序化管理及教育的。

前些年我到俄羅斯考察的時候發現，俄羅斯的學校，從幼兒園到高中，平均規模只有 600 人左右。校長、老師、學生彼此宛如家人，學校氣氛寬鬆而親密。學生在家門口上學，無須擇校，無須乘坐校車。

2016 年我考察位於美國矽谷地區的 ALTschool，從幼兒園到初中，在一棟樓裡上課，學校規模大約 150 人，據説 ALTschool 體系的其他學校，平均也只有 200 人左右。我認為只有小規模才能實現人性化，大規模是無法實現人性化的。

改變統一課程的毛病

適合的教育就是最好的教育。

多樣化應該是未來教育一個非常重要的特徵。現在的學校千人一面，統一的標準，統一的考試，統一的課程，統一的評價，統一的服裝，統一的教材，把本來千姿百態的教育變成了一個色彩，把本來具有無限發展可能的學生變成了「單向度的人」。

特色就是卓越。能不能把每一所學校辦出特色？能不能把每一

間教室都辦得與眾不同？能不能使每個孩子的個性充分張揚？能不能不以分數高低論英雄？能不能讓每個學生自己選擇一些他最需要的課程？這是每個教育工作者需要認真思考的問題。

今後，我們現在的所有學校，都應該變成各具特色的學習中心。學生可以今天在這個學習中心學習這門課程，明天到另一個學習中心去學習另一門課程，所有學習中心都是充滿個性的，有着自己的私房「絕活」。

許多地方現在搞「多校劃片」，讓許多買了學區房的人叫苦不迭。那麼，在同一個大學區裡，有沒有可能把其中的每一所學校（學習中心）辦得更有特色？這所學校（學習中心）的這門課程特別棒，那所學校（學習中心）的那門課程特別棒，這樣學生可以今天在這裡學習這門課程，明天到那裡學習另一門課程。學生的文憑也不再是某個學校的文憑，而是整個學區的文憑。

改變統一難度的毛病

從學業標準來看，現在我們國家的學業標準（學科學習標準）定得太高，我們的學校對學生的學業要求太高了。學生的學習內容太深、太難，廣度不夠而深度有餘，生活常識不夠而學術知識有餘。造成了學校中大部分學生都是失敗者，大部分人是陪着少數人去讀書的，學生在學校中沒有成就感，在學校中被摧毀了自信心。

我一直主張，對大部分學生而言，學業標準的難度要大幅降低。因為大部分人是沒有必要學得那麼難的。有人會擔心：降低難度以後，我們國家的競爭力從何而來？我們的科技發展從何而來？其實根本不用擔心，因為按照正態分佈曲線，總會有一些人對科學抱有崇敬的心理，總有一些學生有學術的追求，對於這樣的人，我們給他定更高的標準、更高的學術要求就可以了，沒有必要讓大部分人都達到那樣的標準，讓大部分人成為他們的「陪讀生」，成為教育的「失敗者」。

改變統一進度的毛病

與統一課程、統一難度的毛病一樣，統一進度也是傳統學校的一個明顯的缺陷。每個人的學習能力是不一樣的，每個人學習不同學科、不同內容的特點與節奏也是不一樣的。

統一進度完全不考慮學生的個性差異，不考慮學生的不同知識背景與學習基礎，採取「一二三齊步走」的簡單做法，結果造成已經遠遠走在課程前面的學生早已經掌握了學習內容，而遠遠落在後面的學生則不知所云，跟不上課程的步伐。對於所有的學生用同樣的進度，顯然也是不能夠適應個性化的學習需要。

未來的學習方式有甚麼不同？

過去，我們經常問：

為甚麼要有一個班級，把個性不同、學習興趣不同、發展水平不同的人放在一起學習？難道就是因為他們年齡一樣大嗎？

為甚麼要有一個學校？而且還要按照地段入學？我們的學生能不能到自己想去的學校學習？

這些問題，即使在當下似乎也是無解的。

但是，未來學習中心會改變這一切。不僅學習內容發生革命性的變化，學習方法（教學方法）也與現在完全不同。整齊劃一的班級教學，正襟危坐的課堂講授，將會退出歷史舞台。

未來學習中心會打破傳統的班級授課制與傳統的課堂教學模式，會形成線上線下相結合、集體講授與小組學習相結合、主動學習與認知外包相結合的新型學習方式，與今天的學習方式有許多差異。

突破時空限制的泛在學習

未來學習中心的一個重要標誌，就是突破時空限制的「泛在學習」（U-Learning）將逐步取代傳統的有固定時間、固定地點的學校學習。

泛在學習，顧名思義就是指無時不在、無處不在的學習，是一種任何人可以在任何地方、任何時間，用任何方式獲取所需的任何信息

的學習方式。也有人將之稱為無縫學習、普適學習和無處不在的學習等。

泛在學習的目標，就是創造可以讓學生隨時隨地、利用任何終端進行學習的教育環境，實現更有效的以學生為中心的教育。

在泛在學習環境中，學生根據各自的需要，在自由的時間、多樣的空間，以多樣的方式進行學習，把所有的環境都變成學習的空間。

學習時間彈性化與學習空間多元化

泛在學習有兩個最顯著的特徵。

一是學習時間彈性化。學生不需要在固定的時間準時入學與上課，每天上學和放學的時間也是彈性安排的，一方面不同的學習中心可以自主安排學習時間，另一方面學習者也可以預約學習指導或者實驗、交流的時間。

二是學習空間多元化。學生也不需要到固定的教室學習，可以到學校或者社區的圖書館學習，到科技館、博物館等地學習，到各種有特色的學習中心學習，還可以利用網絡教育資源進行學習。

2017 年，成都七中在新生錄取時就給學生發放了一個該校的「泛在學習」通知。通知提出，「為了更好地幫助新生做好初升高銜接，減輕家長和孩子的負擔，成都七中將在暑期免費為高一新生定期推送學習資源，包括成都七中老師製作的各學科系列精品微課、各學科學

法指導、成都七中文化宣傳片等相關微視頻。請家長自備終端，按下列說明下載、安裝軟件，指導孩子學習並做好入學準備」。

該校從 2013 年開始探索基於移動終端和數據實證分析的未來課堂、翻轉課堂教學實踐，實現了信息技術與課堂教學的深度融合，積累了豐富的教育資源，把泛在學習與課堂教學結合起來，是該校的一個特色。

學習遊戲化

遊戲是兒童天性。杜威說：「遊戲是兒童的精神態度的完整性和統一性的標誌。」美國學者詹姆斯・約翰森等在《遊戲、兒童發展與早期教育》一書中論述了遊戲對於兒童成長的三個方面的重要作用：一是對兒童的認知發展具有積極意義，如想像遊戲能夠鍛煉發散思維能力；二是能夠使個人獲得獨特個性，因為遊戲是一種表達個體品位和興趣的方式；三是能夠通過遊戲與他人建立聯繫，也是獲得自我意識和成為群體一員的手段。

其實，遊戲也是人類的天性。從牙牙學語的嬰兒，到白髮蒼蒼的老人，玩遊戲的經歷貫穿我們的一生。小時候的過家家、捉迷藏、盪鞦韆、下軍棋，青少年的籃球、足球、「密室逃脫」，成年人的象棋、圍棋、「摜蛋」（一種撲克遊戲）、橋牌、麻將，一直到適合不同年齡的各類網絡遊戲，讓多少人樂此不疲、廢寢忘食。

據統計，2016年我國數字遊戲用戶規模達5.66億人，有接近3/4的玩家在遊戲內進行了付費，消費1 500元及以上的達到付費玩家的26.1%，這就意味着，有超過1億人每年在遊戲上的付費超過了1 500元（中國音數協遊戲工委，2016）。

來自美國的數據也發人深省。美國人從兒童時期到21歲時，平均閱讀時長大概是2 000～3 000小時，但是他們玩數字遊戲的時間大約是10 000小時。也就是說，這相當於他們從小學五年級到高中畢業期間，在課堂上花費時間的總量。同時，遊戲時間是閱讀時間的5倍左右。

在中國，網絡遊戲一直是爭論的焦點。騰訊開發的《王者榮耀》就引發了一場「電子遊戲與青少年成長」的大討論。這款遊戲已經擁有超過兩億的註冊用戶，其中中小學生佔了很大比重。有報道稱，有兒童盜刷父母信用卡10多萬元打遊戲，有中學生連續40小時打遊戲誘發腦梗等。

電子遊戲在兒童和青少年的成長中究竟扮演着怎樣的角色？網絡遊戲和所有其他遊戲對青少年學生的價值何在？它們到底是「榮耀」還是「毒藥」？在未來社會，遊戲究竟能否成為教育的重要內容和途徑？這是一個無法迴避的問題。

從世界各地的探索來看，遊戲完全可以成為未來學習的一支生力軍。儘管人們對網遊或者數字遊戲有着不同的看法，但是，對於遊戲

蘊含的追求自由與創造、勇於挑戰與闖關、遵守規則與約定、享受愉悦與幸福等特有的功能是沒有異議的，這就是遊戲精神的本質。

自由與創造是遊戲精神最重要的特點。有一位中學生遊戲玩家把遊戲視為一種「新型的故事講述方式」。他在介紹自己玩遊戲的體驗時説，在書籍、影視這些傳統的故事講述方法中，觀眾更多時候是被動地接受故事而非主動參與。但是在遊戲中，故事在玩家和場景、遊戲角色的互動之間展開。雖然遊戲劇本同樣是事先固定好的，但做出抉擇、決定故事走向的往往是玩家本人。「玩家不再像隔岸觀火一樣靜靜地看着故事在自己無能為力觸及的地方開始和結束，而是成為創造故事進程的主體之一」。這種參與感是其他故事講述方式提供不了的。也就是説，在遊戲中需要充分發揮人的想像力和創造，這與未來社會對人的要求是一致的。

挑戰的勇氣也是遊戲精神的基本特徵。遊戲之所以吸引人，一個重要原因就是它能夠激發人戰勝困難的勇氣。越是有挑戰，挑戰的難度越大，就越能夠激發勇者的鬥志。匈牙利心理學家米哈里‧希斯贊特米哈伊提出，遊戲能夠使人進入「心流」（flow）的狀態，「當人們自願嘗試去完成某個困難而有價值的任務，且把個人的身體和心智發揮到極限時，那些最佳時刻常常會翩然而至」。這裡説的「心流」，其實就是「精神高度集中，具備平衡匹配的高難挑戰與高超技能，獲得一種控制與滿足之感」。

規則意識也是遊戲精神不可或缺的。因為遊戲往往伴隨着競賽，競賽就要決勝負，決勝負就要有規則，遵守規則才能保證公平，這是遊戲得以順利進行的前提。所以，玩遊戲首先必須遵守規則，這是對遊戲參與者的基本要求。

過去，人們經常把遊戲視為學習的敵人。因為總是擔心遊戲佔用了學習的時間，殊不知遊戲本身可以用來學習，「遊戲化學習」或者「學習遊戲化」已經成為國際教育的一個熱門詞彙。

《遊戲改變教育》這本書就介紹了大量遊戲化學習的案例。如基思·德福林研發的視頻遊戲《拯救小怪獸》，是一個學習數學的遊戲，研究表明，只要每週玩三次，每次玩十分鐘，堅持一個月，就可以非常顯著地提高數學解題能力。

美國還有一款題為《美國任務》的歷史教學遊戲，該遊戲邀請孩子們通過角色扮演，化身為生活在那些歷史關鍵時刻的青少年，從而學習美國的歷史。這款遊戲的第一部《為了王冠還是殖民地》塑造了一個身赴美國革命戰爭時期的波士頓年輕人，他必須在衝突雙方中選擇一個陣營。遊戲第二部《飛向自由》的主角是一位年輕女奴，她身處 1848 年肯塔基州的一家種植園，遊戲進程中她必須逃亡到俄亥俄州去。這個遊戲對學生掌握美國歷史起了很大的作用。

遊戲也可以用來幫助閱讀。美國志願者開發的《遊戲：瓦爾登湖》，就是一款邀請人們閱讀並思考《瓦爾登湖》的學習遊戲。這個遊

戲沒有不同關卡，只有陽光燦爛的白晝、星光閃耀的夜晚、涇渭分明的四季，以及一本記錄着梭羅警句的日誌。遊戲中也沒有武器，可以向朋友兼資助者愛默生借斧子，但斧子不能用來殺戮，只能用以劈柴。

此外，幫助閱讀《傲慢與偏見》的遊戲《遨遊於偏見》，幫助閱讀《尤利西斯》的遊戲《在尤利西斯中》，幫助閱讀《愛麗絲漫遊仙境》的遊戲《虛擬愛麗絲》等，也非常受師生的歡迎。這些遊戲，讓學習變得更為輕鬆有趣，也讓學習的過程充滿樂趣。

我國在遊戲化學習方面也有許多成功的探索。如深圳寶安區天驕小學一年級，在「互聯網＋遊戲化」全課程「小蝸牛主題學習」中，孩子們跟着小蝸牛認識了動物世界的昆蟲、植物；在小蝸牛的陪伴下闖關，除了識字、閱讀，還在活動模式下開展音樂、美術、體育學習，一個個遊戲將學習任務串聯起來，學科知識相互融合，學習不再枯燥乏味，而是生動活潑、興趣盎然。

學而思研發的 IPS（Intelligent Practice System，智能練習系統），通過可視化、遊戲化方式，讓學習更好玩兒。動畫視頻《禮花蛋》用輕鬆、幽默的小故事，讓學生在輕鬆一刻的同時，還能記住各種理科小知識點。課堂獨特的遊戲化設計，激發了學生的「求勝」慾望，課前主動預習、課後積極提交作業，以便在課堂上登上排行榜。

所以，未來學習中心不會把遊戲作為學習的敵人，而是儘可能把學習與遊戲結合起來，儘可能使遊戲成為學習的助推器。

當然，我們說遊戲化學習將成為未來學習的一個重要方式，並不意味着未來的學習就能夠完全像遊戲一樣。北京大學教育學院副院長尚俊傑博士認為，目前，遊戲化學習面臨三個方面的困難和障礙。

一是表層的困難和障礙。主要是教師無法拿出大量時間來組織遊戲的進行、引導學生的反思和總結，學生不明白自己在遊戲中到底擔任甚麼角色，學生也缺乏正確的學習策略或方法，這是人的因素。

二是深層的困難和障礙。這體現在動機、行為與成效方面，遊戲與學習追求的是不同的目標和境界，如遊戲強調的是情感的沉浸，而學習追求的是理智的沉浸，兩者時常會發生衝突。

三是遊戲自身的困難和障礙。遊戲具有自願性和自由性，而學習化遊戲進課堂後，成為正式課程的一部分，學生就無法自由選擇，自願與自由也就無從談起。這是兩者本質上的差異造成了困難與障礙。所以，遊戲化學習仍然任重道遠。

用虛擬現實技術，實現沉浸式學習

虛擬現實（Virtual Reality，簡稱 VR）技術，是指利用電腦模擬產生一個三度空間的虛擬世界，提供用戶關於視覺、聽覺、觸覺等感官的模擬，讓用戶如同身臨其境一般，可以及時、沒有限制地觀察三度空間內的事物。

虛擬現實技術集成了計算機圖形技術、計算機仿真技術、傳感器

技術、顯示技術等多種科學技術，具有多感知性（除一般計算機所具有的視覺感知外，還有聽覺感知、觸覺感知、運動感知，甚至還包括味覺感知、嗅覺感知等。理想的虛擬現實應該具有一切人所具有的感知功能）、存在感（用戶感到作為主角存在於模擬環境中的真實程度。理想的模擬環境可以達到使用戶難辨真假的程度）、交互性（用戶對模擬環境內物體的可操作程度和從環境得到反饋的自然程度）和自主性（指虛擬環境中的物體依據現實世界物理運動定律運動的程度）。

虛擬現實技術在教育領域有着廣泛的應用，如在醫學院校，學生可在虛擬實驗室中，進行「屍體」解剖和各種手術練習。使用這項技術，由於不再受標本、場地等因素的限制，所以培訓費用會大大降低。

例如，導管插入動脈的模擬器，可以使學生反覆實踐導管插入動脈時的操作；眼睛手術模擬器，根據人眼的前眼結構創造出三維立體圖像，並帶有實時的觸覺反饋，學生利用它可以觀察模擬移去晶狀體的全過程，並觀察到眼睛前部結構的血管、虹膜和鞏膜組織及角膜的透明度等。這些技術能夠使學習過程如臨其境，達到沉浸式學習（Immersive Learning）的效果。

項目制學習

項目制學習，英文叫 Project-Based Learning，有人把它簡寫成「PBL」。

項目制學習這個說法對教育界之外的朋友來說，可能會很新奇、很陌生。我們做教育的人知道，這個概念不是甚麼新奇的概念，實踐中早已存在了。

項目制學習是和問題式學習相對而言的。問題式學習就是我們過去在中國課堂遇到的學習方式，老師先把一些問題拿出來，然後跟學生一起解決這個問題。在這個過程當中，幫助學生獲得知識和技能。

項目式學習不一樣。學校不教數學、物理、化學，不分生物、歷史、地理這些學科，而是由老師帶動學生尋找真實的、有意義的、連貫的項目中的問題，讓學生圍繞項目，深入了解相關知識內容，涉及數學的問題，用數學知識去解決，涉及化學的問題，用化學知識去思考。

我還是舉個例子吧。

2018 年秋天，我在北京參加中國教育 30 人論壇舉辦的一個活動。活動的主題叫「未來學習之路」。在這個主題之下，美國 High Tech High 學校的創始人兼 CEO 拉里‧羅森斯托克博士跟我進行了一場對話。

我的這位對話對象，這所美國特許學校的 CEO 拉里博士，就是項目式學習的典範。

拉里博士在創辦這所學校之前，曾經是美國歷史最悠久的一所高

中的校長。美國政府曾給他一大筆資金，請他對美國高中的教育改造進行研究，希望他能夠幫助美國設計一種新的城市高中的教育系統。他組織了一批實力專家考察了美國 40 多個州，希望能夠找到一個理想的公立學校的模式。

尋找理想模式的過程中，他有一個奇遇。

在加利福尼亞州的聖地牙哥，有一位著名的互聯網領域的發明人過來找他。跟他說，他在互聯網領域裡面遇到的最大的挑戰，就是沒有足夠的工程師，無法支撐企業的發展。這個發明人就跟拉里博士商量，說你能不能幫我們辦個學校，解決我們的這個問題。這個發明人不是隨便說說而已，說完之後，他就拉着拉里博士去他們的公司，參加他們的董事會，讓他跟董事會講，他要辦一個甚麼樣的學校。

拉里博士就說，他要辦一個項目式學習的學校，以解決特定的項目需求為目標，在這個過程當中，去學習數理化，而不是先去學習數理化，再去解決實際生活當中的項目問題。

董事會聽了以後，覺得他的想法很有意思，有可能會帶來教育的突破，於是就給了他一塊地，幫助他開辦了這所學校，這就是 High Tech High 學校的由來。

就這樣，拉里博士由一所美國歷史名校的校長，變成了一所創新學校的校長。

拉里博士創辦的這所學校用的就是項目式學習的方法。這個方

法是這所學校的特色。

High Tech High 學校的網站上有一些項目式學習的例子，比如一個一年級學生所做的有關如何保持健康的項目，就涉及營養學、體育學以及科學。

我們今天的學校有一些課外實踐活動，類似於拉里博士所說的項目式學習。如果拋開一個個具體的例子，抽象一點，你就會發現項目式學習其實是一個系統的思考方法。

舉個例子，如果某個學生想做這件事情，你就可以拿出一個問題清單，比如說：學生對甚麼感興趣？學生需要解決的問題是甚麼？需要哪些知識和技能？學生、老師和學校有哪些資源？還需要找到哪些資源？通過甚麼樣的方式才能獲得這些資源？解決這些問題需要多長時間？到底從甚麼時候開始？到甚麼時候結束？如此等等。

拉里博士說，他們就是圍繞項目中一個又一個問題開展教學的。比如說河流，學校附近有一條河流，他就讓一些學生把這條河流當作一個項目，圍繞這條河流的歷史、生態進行專門研究，最後還以此為題出版了一本書。這個學校歷史不長，但是學生已經出版過好幾百本書了。

這個學校確實太特殊了，它採用的項目式學習方法，顛覆了我們現有的教學體制，即使在美國這樣的國家，也讓人感到震驚。所以美國人給這所學校拍了一個很著名的紀錄片《極有可能成功》。這個紀

錄片播出以後，在美國引起了廣泛的反響，當然也有一些針對這所學校的批評。

對於這所學校的優劣，我在這裡暫時不談了，我想說的就是在未來的學習中心，項目式學習所佔的比例會越來越大，甚至會成為主流。

合作探究性學習取代接受性學習

項目式學習，其實往往是通過合作探究性學習來實現的。

探究性學習，顧名思義，是一種以研究問題、解決問題為導向的學習方法。這是一種學生學習方式的革命性改變，因為傳統的學生學習，主要是一種接受性學習，一般是從聽教師講授開始，從學科的概念、規律開始的學習方式，而探究性學習則是學生自己通過各種事實來發現概念和規律的方式。

檢驗接受性學習的效果主要是看學生掌握了多少，接受了多少，能否完整地複述和重現知識。而檢驗探究性學習的效果是看能否選擇好的學習課題；能否有效地針對問題開展探究活動；能否通過假設、推理、分析，去找出解決問題的方向；然後通過觀察、實驗來收集事實，能否對獲得的資料進行歸納、比較、統計分析，形成對問題的解釋；能否有效地在探究中發現新的問題，對問題進行更深入的研究。

探究性學習是現代教學改革的趨勢，因為它更符合科學發現與科學創造的規律，更能夠發揮學習者自身的學習主動性、積極性，激發學習者的學習興趣。

當然，由於難度也更大，往往需要合作者的參與，集思廣益，共同探究。所以，合作探究性（也叫自主合作探究）的新型學習方式，越來越受到師生的歡迎。

認知外包，方法論的學習

混合學習與合作學習將成為未來學習中心的主要學習方式。

藉助於智能設備而生存與發展的時代已經來到，人機結合的學習方式會發揮更大的作用，認知外包的現象會更加注重方法論的學習。

所謂混合學習，也就是說未來的學習主體是一個人機結合體。未來的學生將不是完全藉助於自己的手和腦來進行學習，而是藉助於外腦，藉助於人工智能，藉助於大數據，藉助於計算機技術，所以認知外包的現象會成為一個很重要的特徵。也就是說，很多過去需要用傳統學習方式來解決的問題，如查找資料、整理歸納等，就可以委託機器來完成。

所謂合作學習，也是未來教育的一個重要特徵，即基於項目式、主題式學習的過程，同時也是團隊合作共同完成學習任務的過程。團

隊學習、合作學習，對提高學習效率、調動學習積極性、共同去探討研究問題具有非常重要的作用，所以學習方式會發生很大的變化。

2016 年，我考察了位於美國三藩市的密涅瓦大學，這所大學就是一所具有多樣化價值的學校。學校的創辦者宣傳，它的出現就是「來顛覆哈佛的」。學校辦在一個寫字樓裡面的第 9 層，整個大學沒有校園，僅在三藩市市中心的一座大樓裡設有學生宿舍和廚房，給每個學生配發一台電腦，主要採用線上教學方式。

2014 年 9 月，密涅瓦大學首屆來自 14 個國家的 33 名學生獲准入學，錄取率僅為 2.5%，創下了美國本科學校錄取率的歷史最低紀錄。錄取時學校不看學生的 SAT（美國學術能力評估測試）或者 ACT（美國大學入學考試）等標準化測試成績，第一年課程在三藩市完成，四門課程分別是理論分析、實證分析、綜合系統分析和多元模式交流，主要是學習方法論，不學習具體學科內容。後面的 3 年，每學期由學生自由選擇去一個城市學習，讓學生自己去挑選學習的主題。

通過互聯網指導學生

教育和互聯網的結合，遠遠早於商業。

互聯網給教育帶來的變革是巨大的。在互聯網模式下，學習不再只是呈現、接收、評價、反饋的過程，而是一種全新的認知過程。課程與教學需要更加關注進度設計、用戶感受、社會參與等。互聯網

給教育帶來了許多新的可能性。所以，互聯網出現以後，利用網絡改變教育的努力與投入，力度也遠遠大於商業。

但是，一直到今天，教育的變化也非常小，美國科羅拉多大學博爾得分校教育學院發佈的《理解和改進全日制網上學校》報告表示，美國有 25 萬名中小學生在全日制網上學校上學。美國各州網上學校總共提供 53.6 萬門課程（每門課程都為一學期），有 180 萬名中小學生至少選修一門網上課程。網上課程的增長也在一定程度上滿足了不同群體和不同地區學生的教育需求，特別是滿足了學生在家上學的需求。據統計，全美共有 240 萬名學生在家上學。無疑，這也只佔了全部學生人數的很少一部分。

利用網絡學習會成為未來學習的一個重要的特徵。圖 6.3 是世界教育創新峰會組織在 2015 年做的一個調查。調查結果表明，在線內容將取代傳統學校教學，成為人們接受教育的重要來源。

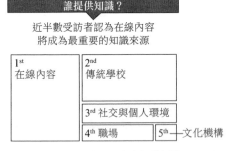

圖 6.3　未來社會誰來提供知識？

我們一直提倡，要在我國國家開放大學的基礎上，建立一個真正意義上的國家網絡教育資源平台。這個平台應該採購全世界最好的學習資源，而不僅是中國最優秀的課程資源。這個平台上的教育資源由國家統一採購，免費為所有的學習者提供，同時也提供考試和評價等基本公共服務。各個學習中心可以研發自己獨立的具有個性特徵的課程，作為國家課程資源的重要補充。未來將形成一批各具特點的網絡學習中心，通過互聯網來指導學生學習。

目前，我們還沒有類似於史丹福網絡高中那樣的網絡學校。在未來，不僅這樣的網絡學習中心會出現，而且更多的學習中心將採取線上與線下相結合的辦法，幫助學生更便捷地學習。

大數據和人工智能實現精準學習

所謂大數據，不僅是指數據的數量之大，更主要是指通過對維度交錯、來源多元、類型多樣的大規模數據的深度挖掘與分析，尋求數據背後的邏輯關係，使人們可以脫離以往常依賴於小樣本數據的推測或感性化的偏好性選擇，轉向基於理性證據的決策。

通過對教育大數據的採集、處理和分析，可以幫助學生發現並開發自己的學習潛力，提升學業表現。學生可以掌握學習的主動權，自主規劃學習的計劃，決定個性化的學習內容、路徑與方法，隨時監督自己的學習進度，檢查學習的效果。教師也可以根據大數據全面掌握

學生的學習行為與學習結果，有針對性地進行教學。

　　所謂人工智能，是指研究、開發用於模擬、延伸和擴展人的智能的理論、方法、技術及應用系統的一門新的科學技術。

　　人工智能早在 20 世紀 50 年代就有明確定義和應用探索，從圖靈測試到專家系統、從圖像識別到人機大戰，人工智能在 20 世紀就已聲名鵲起。但是，人工智能的再度輝煌卻與大數據緊密相關。2012年之後，「大數據」技術的推廣和「Web2.0+ 物聯網」帶來的互聯網數據激增，直接釋放了深度神經元算法的巨大生產力。人工智能在機器學習、自然語言理解和視覺處理等方面高歌猛進，創造了許多新的傳奇。

　　2017 年 7 月，國務院印發了《新一代人工智能發展規劃》（簡稱《規劃》），人工智能成為國家戰略工程。《規劃》提出，到 2020 年，人工智能總體技術和應用與世界先進水平同步，人工智能產業成為新的重要經濟增長點⋯⋯到 2025 年，人工智能基礎理論實現重大突破，部分技術與應用達到世界領先水平⋯⋯到 2030 年，人工智能理論、技術與應用總體達到世界領先水平，成為世界主要人工智能創新中心。

　　《規劃》對人工智能教育也提出了一些具體的要求，如利用智能技術加快推動人才培養模式、教學方法改革，構建包含智能學習、交互式學習的新型教育體系。開展智能校園建設，推動人工智能在教

學、管理、資源建設等全流程應用。開發立體綜合教學場、基於大數據智能的在線學習教育平台。開發智能教育助理，建立智能、快速、全面的教育分析系統。建立以學習者為中心的教育環境，提供精準推送的教育服務，實現日常教育和終身教育定制化。

這個《規劃》，為大數據和人工智能在教育領域的應用，也為未來學習中心描繪了一個美好的圖景。

當然，大數據和人工智能運用在教育領域也有一些問題需要引起高度重視。

一是關於大數據背後的隱私與倫理問題。無論是小範圍的班級和團隊學習，還是大規模的在線學習，在教育大數據的分析與利用過程中，涉及眾多的參與主體，從個人到各級各類學校、教育行政部門和各相關大數據企業等，如果對數據的歸屬權、使用權、發佈權等缺乏明確的規定，就可能導致在以提供個性化服務為目的的海量數據採集分析過程中，存在大面積泄露數據隱私的風險。

二是關於只見數據不見人的問題。大數據和人工智能固然能夠讓教育與學習更加精準，但很容易陷入只見數據不見人，把活生生的人物化為簡單的數據的誤區。來自四川的俞獻林老師就一直有這樣的擔憂。他表示，教育本是人與人之間雙向的交流活動，但在翻轉課堂的教學中，有一部分被「人與電腦」或「人與數據」替代了。這中間會不會出現問題？天天和一堆「不嗔不怒，不言不語」的數據為伴，

久而久之，孩子們會不會變得理性有餘而感性不足？數據的精準，會不會讓我們的孩子變得精細、精明有餘而不夠大氣？數據上的你來我往，會不會讓人與人之間面對面真誠的交流減弱？這些問題，的確是我們在教育中應用大數據、人工智能時應該認真思考的問題。

學生從知識消費者變成知識創造者

未來學習中心的學生將從知識的消費者變為知識的創造者，研究型學習將成為學習的主要方式。

也就是說，未來學習的過程本身就是一個探索的過程。在學習的過程中，學生不僅可以驗證已經發現的知識，也可以在學習過程中創造新的知識。研究型學習將會成為未來學習非常重要的學習方式。

第七章

學習中心，怎麼評價學得好不好？

學習，永遠離不開評價。

現在，你的孩子跟同事的孩子比，學得好還是學得差？大家都有一把尺子，那就是分數，就是考試。

可是，按照我對未來學習中心的暢想，有的朋友馬上覺得問題來了。

朱老師，在你所說的未來學習中心，我作為父母，怎麼評價我的孩子學得好不好？學得有多好？或者說，未來的學習中心還要評價孩子學習的好壞嗎？

當然要評價。過去，我們對教學評價發牢騷，不是因為評價本身不好，而是評價的方法有問題。我們反感的是「唯分數是從」的單一標準。

　　未來的學習中心，可以建立學分銀行制度，給每個學生建立學分賬戶，以此評價學習結果的好壞。

　　下面，我就跟大家詳細談談我的理由。

　　當然，學分銀行的觀點是思路性的，而非圖紙性的。在思考未來的時候，需要重點考慮思路背後的邏輯。

教育評價制度有哪些問題？

沒有昨天和今天的問題，就沒有明天的變革。

談論學分銀行之前，我們還是需要從中國到世界，從過去到現在，梳理一下教學評價的歷史，弄明白我們是怎麼走到今天這步田地的。

教育評價，作為學校與社會教育的重要環節與手段，具有檢測、診斷、甄別、預測、導向等多種功能。

用我們教育學的行話來說，教育評價是根據一定的教育價值觀或教育目標，運用可行的科學手段，通過系統收集信息、分析解釋，對教育現象進行價值判斷，從而為不斷優化教育和教育決策提供依據的過程。

你是不是想問我，「可行的科學手段」是甚麼？

這個問題，正是我們所有的評價體系的癥結所在。我們把「可行的科學手段」變成了單一的考分。大家都知道，教育評價並非由單一的「考試」來決定、來判斷的。而事實上，多個學校呈現了「評價必考試，不考試無法評價」的局面，教育評價方式過於單一。

「考考考，教師的法寶；分分分，學生的命根。」我們到生活中看看，在中國，考試牽動了多少人的神經。「慶父不死，魯難未已；考試不改，教育難興。」如何構建一個科學合理的考試與評價體系，是一個我思考了很多年的問題。

這個問題，不僅是中國的問題，也是美國的問題，是世界各國的問題。

考試與評價問題，歷來是世界各國教育改革與發展中必然遭遇的共同難題。如肇始於21世紀初的美國「反SAT運動」「反標準化考試」等，就是美國在教育改革與發展中所遇到的考試與評價難題的具體體現。可汗學院創始人薩爾曼·可汗在批評美國學校的考試評價制度時明確提出，這種考試根本沒有達到有效評估學生潛力的目的，所做的只是「給孩子貼上標籤，將他們分成不同等級」，限制了他們發展的潛力。

在我國，由於多種原因，形成了以考試為中心的教育體系。「考甚麼，學甚麼」「分數才是硬道理」成了許多學校教育工作的常態。

長期以來，我國的教育評價主要來自教育行政部門系統內部，教育行政部門既當「運動員」，又當「裁判員」。考試評價主體不明，其科學性、公正性自然大打折扣。我們的考試與評價技術，還停留在幾十年前的水平上，與素質教育嚴重脫節，所以，教育評價「主體單一」「模式單一」「理論陳舊」「技術落後」「方法單一」「功能單一」「指標單

一」等問題相當嚴重。

下面，我挑幾個問題重點講講。

學校教育凸顯「應試化」

由於教育考試評價的理論和技術的落後，在學校推進素質教育的過程中，造成了許多怪現象：學校教育即考試，甚麼都考，方法要考，能力要考，素質也要考。考「素質」，窄化為考「學科」；考「學科」，窄化為考「雙基」（基礎知識、基礎技能）。

同時，提高「素質」，異化為提高「成績」；提高「成績」，簡化為提高「分數」；提高「分數」，的確有「旁門」可走……因此，考試的公平性、導向性大打折扣。

日常生活中，與「應試教育」相關的培訓補習廣告隨處可見，以「提分」「高分」為亮點。一個以學生與父母，乃至學校為核心買主的教育市場赫然屹立。

無論在大城市還是小城市，我們不難看到為數眾多的父母，一面抱怨孩子負擔太重，一面又忙不迭地把孩子塞進各種輔導班，考拼各級證書，生怕遺漏了甚麼，貽誤了孩子終身。

在校園，優秀學生成了「學霸」「考霸」的代名詞，一考定終身的唯分數論升學通道，逼仄又擁擠。

與之對應的是，學生的道德水平與身體健康遭受了嚴重損害。所

以，素質教育的推進遭遇了「應試」的重重「圍堵」。

達標考試時常「選拔化」

大家知道，達標性考試跟選拔性考試，無論在目的、功能還是技術上，都存在較大的差異。

選拔性考試的目的，是在參考人員中進行區分，是從人才選拔單位選拔人才的角度出發的，看看誰符合、誰不符合。

達標性考試呢？

達標性考試的目的，在於評估教育是否達到了既定的目標，發現教師教學過程存在的問題。

達標性考試的結果，要為未來的學習和教學提供重要的改進參考，為教育決策提供數據支撐。

所以，基礎教育階段的所有校內的大規模考試，都應屬於學業水平達標檢測，應按達標性考試的常規要求進行命題與質量分析。

遺憾的是，由於高考、中考的影響，初中、高中的學業水平考試都按選拔性考試要求去命題、評價，考試趨於「高考化」「甄別化」，選拔意味濃厚，所以中考和高考的導向性作用嚴重偏離新課改的預期目標。

現在的選拔性考試，包括高考在內，只以學生的學科成績來「總結學生的過去」「評價學生的現在」「預測學生的未來」，方法原始而落後。在這樣的考試導向下，日常教學極容易走向「囫圇吞棗、死記硬

背」和「題海戰術、生搬硬套」。這種選拔「學科成績」而不是選拔「學生本身」的考試思想與技術，已經耽誤了一代人的充分又美好的發展，必須拋棄。

選拔考試一考「終身化」

我國現行的選拔性考試都以一次的考試結果代替學生過去數年甚至十幾年的發展過程，忽視考生的生理狀態、心態、情感等非智力因素對考試結果的重要影響。

「一考定終身」毫無道理地提升了考試結果的重要性，而這種重要性則毫無意外地增加了考生的焦慮，而焦慮則導致考試結果偏離考生的真實水平，人才選拔無法實現理想的效果，從而使整個過程陷入了一種無法自拔的惡性循環之中。

我國教育評價制度的改革

問題擺在那裡，大家都不是傻子，當然不會視而不見。

所以，我們可以看到，過去幾十年，特別是最近 20 年，我國教育行政部門高度重視考試與評價制度的改革。

2002 年，教育部發佈了《關於積極推進中小學評價與考試制度改革的通知》，對考試與評價的宗旨、目的、內容、方法等做出了重新界定。

2010 年，《國家中長期教育改革與發展規劃綱要（2010—2020年）》也明確提出，要以考試招生制度改革為突破口，克服一考定終身的弊端，推進素質教育實施和創新人才培養。按照有利於科學選拔人才、促進學生健康發展、維護社會公平的原則，探索招生與考試相對分離的辦法，政府宏觀管理，專業機構組織實施，學校依法自主招生，學生多次選擇，逐步形成分類考試、綜合評價、多元錄取的考試招生制度。

2013 年，教育部頒發了《教育部關於推進中小學教育質量綜合評價改革的意見》，明確提出要「建立健全中小學教育質量綜合評價體系」。

2014 年，上海、浙江啟動了新高考改革的試點工作。

2018 年，習近平總書記在全國教育大會上，明確提出要扭轉不科學的教育評價導向，堅決克服唯分數、唯升學、唯文憑、唯論文、唯帽子的頑瘴痼疾，從根本上解決教育評價指揮棒問題。

2018 年，包括北京在內的第二批試點省份要制定出台高考綜合改革試點方案。

他山之石，可以借鑒

2020 年，我國將全面實行新高考方案。

從試點的情況來看，雖然新高考的價值觀是鼓勵學生個性化、高

校多元選拔，同時保證制度的公平性和科學性，但也出現了物理等難度大的科目選考人數滑坡等問題。

包括高考在內的考試與評價究竟應往何處去？

一個重要的思路，是借鑒世界先進國家的做法，發展獨立於政府、招生機構之外的「第三方」考試與評價體系。

有兩個國際評估項目的例子。一個是 PISA，這是世界上最具影響力、涉及範圍最廣的三大國際學生評估項目之一，被譽為「教育界的世界杯」。另一個是 NAEP，這是美國國內唯一的教育評價體系，並被譽為「國家教育進步評價」「國家教育成績報告單」。它們的運作模式都是政府主導監管，專業機構即我們所說的社會第三方設計實施。

在美國，所有的考試與評價都是由第三方考試評估機構來組織和實施的，也形成了以 ETS（美國教育考試服務中心）為首的幾大考試與評價巨頭，為全美的大學入學考試以及各個州的學業評價提供產品及服務。其中 ETS 還承擔了美國聯邦政府委託的全國規模的教育質量評估工作。

分析美國當前這種評價機制，到目前為止，它至少產生了幾個方面的社會效益：一是由於第三方的獨立考試性質，不涉及招生利益雙方之間的關係，考試的客觀性、公平性、公正性得到了有效的保證；二是由於社會化性質，需要在競爭中求生存和發展，因此更加關注考試和評價產品及服務質量的不斷提升，產品和服務的不斷創新，考試

與評價技術的不斷完善，從而使該組織成了一個考試及評價技術不斷創新的場所、專業人才集聚和培養的場所以及信息化技術研發的場所；三是一年多次的考試安排，成績以最好的一次作為升學依據，克服了「一考定終身」的弊端，減輕了考生的焦慮感，使考試的誤差大大減小，人才選拔結果更加可靠。

所以，我一直提倡國家大力扶持和發展社會第三方教育考試與評價機構，建立獨立於政府和學校或政府和招生單位之外的專業學術機構。

第三方考試與評價體系的建立，無論是從克服我國現行考試與評價制度的弊端角度，還是從教育與科學技術創新的角度來看，都極具現實意義，應該成為我國考試與評價制度改革的一個重要方向。

當然，考試與評價的改革是一個技術性、政策性都非常強的系統工程。按照國際上的一般經驗和研究，一套有效、可靠、可信的教育評價方式和方法，至少需要 5 年以上的研發與實驗，由此可見教育評價技術研發的難度，並由此可知教育評價改革的難度。這就需要政府和教育行政部門有更大的耐心和政策支持，自覺地培養第三方的機構，讓更多的民間考試與評價機構脫穎而出。

同時，更為重要的是，考試和評價的改革還要跳出傳統的思維方式與技術模式，探索互聯網時代新的學習中心構架下的新型考試與評價方式。這就是我接下來要說的「學分銀行」制度。

為甚麼提倡「學分銀行」制度？

不管你搞不搞教育，你都能很容易就感受到，全球教育變革、教育人本化、教育科學化與教育信息化浪潮洶湧而來。在這股勢不可當的潮流面前，中國教育的方方面面肯定會受到衝擊。

毫無懸念，一場基於教育技術與教育互聯網的教育革命已經來臨。在這樣的技術革命背景下，學校教育會出現許多新的變化。比如說，未來的學生，完全能夠做到一人一張課表，而且隨時調節學習內容，他們大部分時間是在家裡或者在學校的圖書館、學習室等地學習，通過網絡學習、團隊學習，學生自己可以解決學習過程中的大部分問題。這種情況下，網絡可以通過大數據的方式自動記錄他們的學習過程，以此作為評價的事實和數據依據。

另外，未來的學生可能不再需要教師為他們提供完整的知識結構，而是通過自主的學習來建構能滿足自己需要的個性化知識結構。在這樣的學習和建構中，課程、學分、學歷、學校等不是最重要的，唯一重要的是「我學到了甚麼，我分享了甚麼，我建構了甚麼，我創造了甚麼」。

這樣的革命性的變化和未來，是建立在以教育評價技術、大數據分析技術、教育科學系統為核心的教育技術體系上的。因此，教育技術將最大限度地改變教育生態，它以教育評價技術、資源技術、大數

據技術、學習技術為核心，以信息技術為載體，實現教育科學化和教育效能最大化。

也因此，基於互聯網的教育評價技術也將應運而生。一個融合了教育評價技術、資源技術、大數據技術、學習與教學技術，並融合了互聯網交互和服務的教育技術雲平台將會出現，這就是適應未來學習中心的「學分銀行」制度。

為學生開「個人賬戶」

學分銀行，是指面向未來學習中心的專門管理機構、授證機構、學習成果認證機構與組織體系，以及相應機構與組織體系賴以存在和運行的一整套標準、規範、規則和規定的綜合系統。

簡單地說，學分銀行以學分為度量學習成果的單位，通過為各種學習成果賦予不同學分的方式建立流通工具，用學分的儲存和兌換，使不同學習成果之間的等值轉換成為可能。歸根結底，跟大眾熟知的銀行機制沒甚麼大的不同。

學分銀行制度，就是模擬和借鑒銀行的機理、功能和特點而設計的制度。這套制度，以學分為計量單位，實現各級各類學習成果的存儲、認證、積累、轉換。目的是利用信息化手段擴大優質教育資源共享的有效機制，搭建終身學習「立交橋」，促進教育公平。

學分銀行模擬銀行的組織架構體系，從「中央銀行」到「地方銀

行」，從「地方銀行」到「儲蓄所」，最終到「個人賬戶」。

「中央銀行」，是學分銀行的直接領導機構，設有學分銀行管理委員會、學分銀行專家委員會、學分銀行工作委員會，對學分銀行的構建、運行和管理進行指導和決策。未來的學分銀行的「中央銀行」，可以是國家教育行政部門直接舉辦，也可以授權委託第三方機構舉辦。

「地方銀行」，是指學分銀行的各地方分部，是面向社會的學分銀行業務受理處，負責不同區域學習中心與學習者的相關工作，如學分銀行上海分部。未來的學分銀行地方分行，可以是地方教育行政部門直接舉辦，也可以授權委託第三方機構舉辦。

「儲蓄所」，泛指開設課程的機構，如各高校網點、各個中小學學習中心、各個教育培訓機構、面向本校（學習中心）學生的學分銀行業務受理處，負責本校（學習中心）學生的學分銀行開戶、學分認定審核和業務諮詢等工作。未來，除開設課程的機構以外，所有開設課程並且經過認證的個人也可以成為「儲蓄所」。

「個人賬戶」，指在學分銀行或「儲蓄所」進行開戶、上課、學分認定、成果轉換，並建立終身學分檔案的學習者。

學分銀行跨越教育五大鴻溝

未來學習中心，如果實施學分銀行制度，可以有效調節政府、社

會、學習者、用人單位和教育機構等相關方之間的關係，跨越目前教育中存在的鴻溝。

其一，跨越了各個教育階段之間存在的鴻溝。學分銀行使現有的學前教育、基礎教育、高等教育、終身教育等各個階段的教育相互貫通，從小學、中學、大學到老年大學等之間再也沒有嚴格的、壁壘森嚴的學習階段。

其二，跨越了學歷教育和非學歷教育之間存在的鴻溝。學分銀行的聯盟機構依據標準委員會發佈的認證單元，與已有學習成果進行對比，形成單向轉換規則，同時，也可以通過認證單元組合新的學習成果，形成學歷教育與非學歷教育學習成果之間或學歷教育專業（課程）之間的雙向轉換規則，跨越了學歷教育和非學歷教育之間存在的鴻溝。

其三，跨越了公辦教育和民辦教育之間存在的鴻溝。學分銀行通過學習成果互認聯盟機制，使擁有頒證權的院校、事業單位、行業協會、企業以及教育機構等均可參加。實現了資源共享、優勢互補，通過市場機制推動了不同性質的機構之間的學習成果互認和轉換，跨越了公辦教育和民辦教育之間存在的鴻溝。

其四，跨越了國內教育和國外教育之間存在的鴻溝。學分銀行通過吸納國外知名高校、教育培訓等機構的加入，融合國外高新科技創新內容、先進課程等學習資源，為國民學習和文化素養的提升，

提供豐富的學習和教育資源，跨越了國內教育和國外教育之間存在的鴻溝。

其五，跨越了知識學習和能力培養之間存在的鴻溝。學分銀行打通了知識學習與能力培養的整個過程。通過與企業合作，共同運作，將知識獲取和能力培養同時進行，淡化學歷文憑的重要性，更加注重個人知識能力的培養，即個人學習完企業制定的課程並取得良好學分，可直接到企業工作，從知識到實踐，無縫銜接，大大減少了理論知識的學習時間，跨越了知識學習和能力培養之間存在的鴻溝。

學銀在線為每個學生建立一份終身學習檔案

2017 年，國家開放大學聯合超星集團和新教育研究院發起了一個「學銀在線」的研究項目，旨在推進一個基於互聯網的學習中心的新型評價體系。

這是一個探索性的項目。但我們不妨看看這個項目，這對我們理解未來學習中心的學分銀行制度會有一定的啟發。

學銀在線，是基於學分銀行的機理，匯聚優質教育教學資源，構建一個全新的、開放的、多元的、融合的基於互聯網的現代學習中心總部。

我認為，學銀在線是一種新型的學習模式，探索的是面向終身學習服務的未來學習中心。我概括一下，大概有五個特點。

一是建立終身學習檔案。

　　從註冊到選課、學習，從學習成果存儲到認證、積累、轉換，最終到發證，這是一套完整的學習體系，也是一套完整的檔案。學銀在線通過一人一號，一號終身的原則，建立個人學習檔案，實現終身學習過程記錄。我們說過，在未來，文憑和證書或許不再那麼重要，個人的學習歷程才是最真實、最有效、最有價值的證書。

　　二是保障在線學習順利進行。

　　學銀在線的平台資源，可以建設成最豐富的、最權威的國家教育資源發佈平台，它不僅包含國家開放大學課程、新教育研究院課程、超星課程，還包括眾多聯盟機構的優質教育教學資源。我認為，學銀在線學習方式靈活、開放、多元，因為它打破了原有的模式，對學習者提供了選課、選學、選讀等不同的學習模式，考慮到不同學習者的需要。

　　三是進行學習認證評價。

　　學銀在線對證書進行雙重認證。一重是對課程提供方的認證。由課程委員會對認證機構，也就是學分銀行中「儲蓄所」進行認證，機構再對個人進行認證。另一重是第三方認證。換句話說，就是對認證機構的再次認證，對「儲蓄所」進行信用評級，組建最高課程委員會做評價體系。課程質量分為專家評級，選課頻次按照「課程排名榜」做社會認證；委員會做課程體系，制定從小學到大學所有課程、證書

的認證體系。

四是實現學分兌換與證書發放。

在學銀在線學完即可兌換學分，不同「儲蓄所」之間的學分可互相兌換，參加聯盟的單位之間學分互認。學分達到要求，即可隨時直接拿證書，不再有傳統的學校、學期、學年概念，任何時候都可拿證書，而且證書類型不再僅僅以專業來劃分，增加了以課程為單元的課程證書。

五是建立獎勵機制。

學銀在線平台還可以借鑒現在的頭條號、淘寶等網絡平台的管理經驗，設立積分排行制，對熱門證書、熱門課程、最受歡迎教師、學習之星等，根據積分等級設置不同獎勵。

從某種意義上，學銀在線就像是按照學分銀行機理搭建的一所泛在學校，有點兒像教育界的淘寶、教育界的銀行。學分銀行的探索，對成為「人人皆學、處處能學、時時可學」的未來學習中心是有意義的。

在《大學的終結：泛在大學與高等教育革命》一書中，作者凱文‧凱里提供了自己的一個案例。一位來自矽谷的年輕企業家丹妮‧金創辦了一家叫作 Accredible 的公司。這是一個用於展示關於個人信息的工具，可以利用這個工具來創建「證明」（Certs）。只要上傳相關的學習證據到「證明」裡面，就相當於一種自創的數字徽章。

Accredible 同時把關於你的賬號與你的多種線上身份相關聯，比如推特、臉書、領英和谷歌等，以強化個人信息的證據。任何人都可以把自己的學習證據提交到 Accredible 上自己的賬號裡，如可以上傳自己參加考試的視頻來證實自己確實參加了考試，上傳同行的評判等。

凱里就上傳了自己在麻省理工學院學習生物學課程的「證據」。他把自己的課程證書放了上去，證書上有麻省理工學院的抬頭，有任課教師的簽名，還有證明證書真實性的麻省理工學院的網站鏈接。凱里還上傳了自己所記的全部 63 頁課程筆記，把自己每一次課後作業、期中考試以及期末考試的分數製作成一張圖表放了上去，同時上傳了課程大綱和課程表，9 個習題集等。他說，Accredible 上的這些東西是關於他的學問的「最可信和最可視的證據」。

其實，Accredible 只是我關於學分銀行構想的一個組成部分而已。學銀在線也只是剛剛開始的一次探索。在理論和技術上，學分銀行應該是完全可以實現的。但是，這個宏大的願景能否實現，還需要進一步觀察，還需要官民結合、協同攻關。

第八章

學習中心，父母應該做甚麼？

毫無疑問，未來學習中心不僅是學生與教師的事情，與每個家庭、每位父母的關係也非常密切。

　　因為，父母本身就是兒童最初的世界，他們不僅是孩子的第一任老師，實際上也是孩子終身的老師、最長久的老師。而家庭不僅是人生最重要的場所，也是兒童最初的學校。兒童成長最關鍵、最迅速的時期，是在家庭中度過的。兒童的行為習慣、認知風格、個性品質，大多數也是在家庭中形成的。

　　更重要的是，家庭本身就有可能成為一個真正意義上的學習中心。未來，會出現形式多樣的家庭式學校（homeschool），兒童在家學習，也會成為教育的一道風景線。

家庭會成為未來學習中心嗎？

在人類教育的歷史上，家庭從來沒有缺席過。只不過，在不同的歷史發展階段，家庭在教育方面發揮着不同的作用而已。

家庭教育的過去：從「中心」走向邊緣

人類家庭教育的歷史，幾乎跟人類自身的歷史一樣漫長。

自從家庭和私有制出現之後，在長達數千年的歷史發展過程中，家庭都是人類最古老、最權威、最有效的教育場所，是兒童成長最安全、最溫暖、最個性化的精神搖籃。我們甚至可以說，家庭，自古以來就是孩子的「學習中心」。

一直到有了所謂「學校」這種專門的教育機構之後，這種情況才發生了根本性的改變。一開始，是一部分權貴階層的孩子進入為他們專門準備的學校；後來，是一部分家境殷實的孩子進入為他們專門準備的學校（如古代的私塾）；再後來，是所有人的孩子進入為他們準備的提供義務教育的學校。人類的教育就這樣逐步託付給一個叫作「學校」的公共教育機構來承擔。

現代學校教育制度用政府和工業化的雙重力量，在基礎知識的傳授、基本技能的培養和集體規範的養成等方面，實現了傳統家庭教育和社會教育所無法達到的效果，漸漸取代後者，成為教育的中心。

現代學校制度出現以後，家庭和社會仍然承擔着若干教育的任務，但是由於越來越多的父母參與到生產活動中，他們有自己專門的職業活動，這在很大程度上導致他們開始「走出」家庭，逐步「淡出」教育的舞台。學校成為提供教育的主要渠道，承擔起最重要的教育使命，也就順理成章了。

與此同時，家庭開始自覺地、心甘情願地把本來屬於它的教育權全部拱手相讓給學校。家庭的教育「領地」就這樣一點點「失守」。人們甚至認為，教育就是學校的事情。

我在台灣地區曾經參加過忠信學校的一個祭孔開學典禮，其中就有一個儀式，是家庭中的父母把象徵着教育權的權杖移交給學校裡的教師。在現實生活中，我們也經常看到有些父母對老師說：孩子就交給你了，任你打任你罵，一切由老師做主！

王者歸來：家庭再次成為「學習中心」

直到 20 世紀 60 年代前，家庭與學校的聯繫與合作都是比較少見的，只有在出現各種事件或變故時，如孩子在學校出現了嚴重的行為問題，或在家中顯露出受到極度的課業壓力時，彼此之間才會聯繫。

20 世紀 60 年代開始，西方國家掀起了以教育機會平等為基本內容的平權運動。這個運動強調關注處於不利境地的兒童和家庭的教育機會。先是《科爾曼報告》發現家庭及其同伴的影響決定孩子學業成就，後是休厄爾等人研究發現父母參與和期望是兒童成長的重要中介變量。

這些研究讓人們重新思考家庭與學校教育的關係問題，重新考量家庭在教育中的作用，家校合作問題也開始提到議事日程中，許多國家的政府先後出台了推進家校合作的政策，鼓勵父母參與到孩子的教育中。

這一系列的研究成果，讓人們重新發現了家庭教育的價值，發現了父母在教育中不可替代的作用。於是，20 世紀美國和世界教育改革的一項重要內容，就是主張家校合作共育，父母參與學校教育，改變過去學校與家庭相互隔離的方式。

在這個背景下，父母參與教育已經成為學校的常態，部分父母成為學校決策層的重要成員，對於所在學校的教師聘任、課程設置、教材選用，乃至學校的資金預算等都有一定的發言權。父母還可以通過競選學區教育委員會、學校校務委員會、父母諮詢委員會或學校諮詢委員會的成員來參與學校決策。

差不多就在同時，即 20 世紀五六十年代，美國一些虔誠的基督徒家庭，出於宗教信仰的原因，同時考慮到避免孩子在學校可能受吸

毒、酗酒、暴力等不良風氣的影響，自發組織了家庭式學校來教育自己的孩子。最初的家庭式學校便由此誕生。

進入 21 世紀以後，隨着信息社會的高歌猛進，教育資源的唾手可得，職業工作本身的靈活化、彈性化，以及自主創業的多元化，基於工業化大生產的學校教育越來越顯示出它內在的缺陷，不能夠適應學習的終身化、人性化、個性化、生活化等方面的要求。與此同時，部分職業女性或者男性回到家庭培育孩子，一些家庭甚至創造了以教育孩子為中心的新型就業與創業模式。

在這樣的背景下，家庭式學校再次受到關注，家庭和父母收回教育權利的呼聲日益高漲，在家裡接受教育的孩子的數量呈現逐年上升的趨勢。目前在家裡接受教育的學齡少年兒童已經超過 200 萬，相當於每 50 名中小學生中就有一名在家學習。而且，家庭式學校的人數還在以每年 10% 左右的速度增長。

值得一提的是，家庭式學校的學生的學習成績和公立學校的相比，不僅不落後，而且還要更好。前者的 SAT 成績平均為 1 083 分，比美國平均成績高出 67 分。絕大多數的美國大學都認可家庭式學校的成績單，史丹福大學對家庭式學校的學生錄取率為 27%，高出了他們平均錄取率的一倍。

在中國，無論是大陸還是港台地區，也出現了不少這種家庭式學校。有人統計目前大陸的家庭式學校總數就超過了 20 萬所。台灣地

區還通過了專門的法律，承認家庭式學校的合法性。

按照這樣的發展趨勢，未來的家庭可能會出現一些新型的學習中心，一些有教育理想和情懷的父母，可能會為自己的孩子或者志同道合者的孩子舉辦學習中心，由自己或者聘請相關的專業人士從事教育教學。父母把曾經「讓渡」出去的教育權，收回自己的手中。「我的孩子我做主」，家庭教育的「王者歸來」之勢已經初露端倪。

學習中心，父母如何參與？

當然，術業有專攻，未來有能力舉辦家庭學習中心（家庭式學校）的父母畢竟是少數。

大部分父母，還是要把孩子送到不同的學習中心去學習。但是，與傳統學校教育相比，家庭學習中心表現出明顯的不同，未來的父母不再對學校頂禮膜拜，不再相信學校的絕對權威，而會主動參與，積極投入，成為未來學習中心的發現者、創造者、管理者、參與者、施教者、學習者。

父母是未來學習中心的發現者

未來學習中心，是以學生為中心。但是，對於未成年的兒童，其

尚不具備發掘自身特長、甄別學習中心特點的能力，父母的意見和建議，就起着極大的作用。

因此，父母首先是未來學習中心的發現者。根據學習中心的特色，結合孩子的身心特點，為孩子挑選出一些學習中心，再由孩子在其中進行自主選擇。

此時的父母，就像營養學家，他們必須先為孩子發現各種食物的營養成分，再由孩子根據自己的口味去烹調。

父母是未來學習中心的創造者

在未來，當許多父母更徹底地回歸教育之時，許多家庭將有可能成為新型的學習中心，不同的家庭通過教育資源的互換，幫助彼此的孩子學習。

現在中國就有一些這樣的學校。我了解的一些華德福學校，不少就是由一群具有共同教育價值觀的父母組成的。

在美國，家庭式學習現在已經成為一種比較普遍的現象。

父母通過創造學習中心，不僅使教育資源配置進一步分化，進一步推動教育公平，還可以達到「幼吾幼以及人之幼」的效果，讓社會更和諧，世界更美好。

父母是未來學習中心的管理者

未來學習中心的舉辦者是多元主體，但是，無論甚麼形式的學習

中心，都需要民主化的管理，需要父母的深度廣泛參與。

未來學習中心的決策機構，將是由學習中心的舉辦者代表、教師代表、學生代表、父母代表、社區代表共同組成的家校合作委員會。

新型父母的角色不再類似於現代企業的監事會成員，而是成為真正能夠投票表決的董事會董事。

有父母參與的家校合作委員會，可以參與學習中心的管理，監督學習中心的工作。具體來說，有以下幾個方面的工作。

可以聽取學習中心的發展規劃、教育教學工作安排等方面的工作情況介紹，就學習中心發展中的重大問題進行研究，為學習中心的發展獻計獻策。

可以列席學習中心的校務、教務等會議。

可以主動為學習中心的公益建設和事業發展提供精神或物力上的幫助和支持，共同解決辦學中的困難。

可以協助學習中心處理重大偶發事件。

可以參與對學生和教師的評價，配合學習中心開展各種評選、表彰活動。

可以聯合家庭和社區的人力和資源，幫助和支持學習中心改進教育教學工作，參與和配合學習中心舉行的重大教育教學活動。

可以對學習中心的安全和健康教育工作進行監督，與學習中心共同做好保障學生安全的工作，避免發生傷害事故。

可以促進社區教育，支持和幫助學習中心舉行社會實踐活動，為

學習中心開展豐富多彩的社會實踐活動創設條件。

可以成為家庭、學習中心和社區溝通的橋樑，及時了解和反饋學生在家庭和社會的表現，收集學生父母和社區群眾對學習中心的意見和建議，加強彼此聯繫，增進了解和交流。

可以與學校和教師一起肯定和勉勵學生的進步，解決和化解學生遇到的困難和煩惱，做好思想工作。

可以積極挖掘和發揮學生父母、社區群眾和企事業單位的優勢，為學習中心辦實事、辦好事，努力幫助學習中心解決辦學過程中遇到的實際問題和困難。

父母是未來學習中心的參與者

參與也是一種管理方式。根據父母參與人數的多少和參與程度的高低，父母參與學習中心的管理有多種方式。除了擔任學習中心的「董事」，參與未來學習中心的管理以外，還有不少父母成為志願者。父母志願者，既是父母參與學習中心管理的一種方式，也是共享家庭教育資源的重要形式。

在今天的新教育實驗學校，各種形式的志願者、義工團隊非常多，如威海高新區新教育實驗區的瀋陽路小學實施「家長義工活動實施方案」以來，先後成立了「新父母安全護衛隊」「新父母公益隊」「新父母監督員」「家長義工流動崗」「新父母授課志願團」等，每逢學校

舉行重大活動，總能看到父母義工忙碌的身影。他們既是重要的人力資源，更是最美麗的教育風景。

這樣的風景，在未來學習中心同樣可以看見，而且會更加普遍。

父母是未來學習中心的施教者

2019 年初，194 位博士父母為蘇州工業園區翰林小學一年上了 60 多節博士課程的新聞轟動了全國。

翰林小學是我非常熟悉的一所小學。2014 年新教育年會在蘇州舉行，翰林小學就是我們的一個參觀現場。當時，該校校長就自豪地告訴我，他們學生的父母，許多就是高教園區的博士、碩士。目前的 194 人中，博士爸爸 133 人，博士媽媽 61 人。

「博士爸爸工作站」是翰林小學家庭教育的品牌項目，學校採用「請進來」和「走出去」的方式，充分發揮博士爸爸的示範、引領作用，在家庭和學校教育之間架起了獨特的橋樑，讓父教如影隨形，引領兒童品格提升、健康成長。

僅僅 2018 年，「翰林爸爸來上課」的課程就達到了 60 餘節，其中有「我們的科學素養」「新能源汽車」「豐富多彩的植物世界」「計算機網絡安全科普」「有趣的化學」「從山峰形狀到分形藝術」「微觀世界的奧秘」「納米是甚麼米」「電池的原理」「水是生命之源」「日本的漢字」「細胞中的小機器」等課程。

這些課程，結合博士爸爸自己拿手的專業，深入淺出，深受孩子們的歡迎。如一（2）班李安然的爸爸埃里克‧阿米格（Eric Amigues）博士的「有趣的化學」課程，他先以「甚麼是化學」在小朋友中激起了熱烈的討論，然後又從生活中常見的現象引入到活動主角 —— 肥皂。他向孩子們耐心細緻地講解了肥皂的工作原理，並現場演示肥皂的製作過程。當美麗的肥皂泡從瓶子裡冒出來時，孩子們都驚歎不已！最後，他又藉助顏料進行了神奇的魔術表演，生動展現了化學變化。一堂化學課，激起了孩子們對於科學現象的濃厚興趣。

　　在許多新教育實驗學校，新父母課堂邀請父母成為施教者，已經成為共享家庭教育資源最重要的形式之一。新父母課堂可以與學科融合，有不同學科興趣特長的父母，可以成為老師的助教；可以與閱讀結合，成為「故事爸爸」「故事媽媽」，亦即開展閱讀活動的載體；可以讓有特長的學生父母走上講台，對孩子們進行知識的教學和傳授相關的技能。這樣的新父母課堂為父母展現自己的才華搭建了一個舞台，也為學校豐富特色課程資源提供了多樣化的來源。

　　有人也許要說，翰林學校中國沒有幾所，我們學生的父母都是普通的老百姓，根本無法複製。

　　其實，對於大部分普通學校來說，固然不可能有那麼多的博士父母，但是新教育實驗家校合作共育的實踐告訴我們：並非一般意義上的名人父母、精英父母才有必要進課堂，普通父母也完全可以進課堂。

例如，成都市武侯實驗中學，是一個以失地農民和進城務工人員子弟為主要生源的涉農學校，他們有一個百家講壇，經常在升旗儀式上，請來自各行各業的父母們給孩子們做演講，以他們的人生故事激勵孩子們。

　　有一所鄉村的新教育實驗學校，把當農民的爸爸請進了學校，請入了課堂。農民爸爸在課堂上講述自己如何種地，不僅幫助孩子們了解種地的知識，而且使他們能夠理解農民父母的不易。這位爸爸有了這次經歷之後，增進了對教師、教學的理解，從那以後更加關注家庭教育，更加積極地投入家校共育。

　　在新教育學校，父母資源已經成為學校教育中不可或缺的寶貴來源，父母成為施教者已經是常態。

　　例如，貴陽雲岩實驗區貴陽市第十中學的父母，為學生免費開設了篆刻、紮染、合唱、電腦美術、橡皮章、書法、繪畫等社團，還幫助學校成立了「學生長笛樂團」，由家委會管理。

　　再如，河南省滑縣新教育實驗區新城小學，把一至六年級每週一下午第一節課，作為父母授課的固定時間。每週以年級為單位提前統計上報課程內容與上課時間，優質資源還可以在級部甚至是全校範圍內進行交流。講課的內容和形式豐富多樣，既滿足了學生們的求知慾望，也讓學生從中學會了感恩、分享、堅強、寬容、奉獻……課程深受學生喜歡，大大提高了家校合作共育的實效性。

在未來的學習中心，父母將成為重要的課程資源，「父母成為施教者」這一理念更是人所共知的常識。

這一理念也可能發展成為一種新型的互助式教育，如前文提到的博士課程，對其進行一定的系統化組合，就可以形成互助式的新型學習中心，父母以各自的教育資源，幫助孩子們豐富學習的內容，開展項目式學習。

父母是未來學習中心的學習者

成長，中文的意思很明確，即長大、成熟，就是一個人自身不斷變得更好、更強、更成熟的一個變化過程。從這個意義上來說，人的一生，就是一個不斷學習、不斷成長的過程。

長期以來，我們往往把成長看成一個階段性的任務，把成長視為僅僅在學校裡才能完成的任務。誤以為一旦我們離開學校，就可以不再閱讀、不再學習、不再成長了。

其實，這也是我們教育的最大失敗，因為成長本身也是一種習慣、一種能力。生命不息，成長不止，才是一個人生命最美的姿態。

成長本來就應該是父母與孩子共同的事情，是父母與孩子必須共同面對的問題。因此，家庭教育、學校教育和社區教育，都不是簡單地針對孩子，同時也是對父母、教師和社區人員的自我教育。

父母與孩子在成長的過程中完全是互動的關係。父母的成長會

帶動孩子的成長，孩子的成長也會促進父母的成長。優秀的父母更容易培養出優秀的孩子。反過來，學習如何科學培養孩子的過程，也會推動父母自身變得更加優秀。

成長還有一個共作效應，有一個生命的成長場。父母與孩子一起閱讀、一起鍛鍊健身、一起郊遊走進大自然、一起參觀博物館，不僅能夠讓孩子拓寬視野、增強體質，自己也會收穫滿滿。

長期以來，學習變成了孩子們單方面的任務，父母們的任務則是監督和逼迫孩子學習。在未來，這種單向成長的格局會被徹底顛覆，父母與孩子一起成長將是未來學習中心的重要特徵。

如前所述，由於未來學習中心沒有嚴格的學習期限和年齡的限制，父母與孩子、爺爺奶奶與孫子孫女一起學習，將會成為一道新的學習景觀。

父母是未來學習中心的學習者，首先是指父母要學會向孩子們學習。

蒙台梭利曾經說過：「兒童是成人之父。」為甚麼這樣說呢？真正的兒童的偉大，在於用一雙沒有遭受污染的眼睛看這個世界，在於用一個沒有任何功利的大腦思考這個世界。兒童能夠為成人提供新的觀察視角。

父母自己雖然是從兒童成長而來，經歷了孩子所經歷過的一切，但是他們從成人的本能上會拒絕向孩子學習。而且，父母自己成長的

經歷往往是未經省察的經歷，所以在這個意義上，兒童對父母來說仍然是陌生的。所以作為成年人的父母，應該經常在精神上重新回到童年，應該向兒童學習，永遠保有一顆赤子之心。

我們這裡講的兒童，並不是指純粹肉體上的兒童。有些孩子年齡尚幼，卻已經不再用兒童的眼睛看這個世界。

父母是未來學習中心的學習者，同時也是指父母之間應該互相學習。

到學習中心學習是一種自願的選擇，並且是一種有着深刻認同需求的選擇。因此，在同一個學習中心，或者學習同一種課程的父母，彼此之間都是天然的最佳學習夥伴。

父母和父母之間互相學習，既可以促進專業知識的豐富，也可以攻克教育孩子的難題，還可以促進感情上的交流、人際間的交往，是一種無私而高效的學習。

父母是未來學習中心的學習者，自然也包括父母在學習中心裡的終身學習。

學習中心遍地開花的未來，也正是每個人進行終身學習、各班級混齡編班、父母和孩子成為同學的時代。

在未來，父母要學會與孩子一起成長，是因為社會化不僅是兒童的任務。成年人其實也面臨着一個再社會化或者繼續社會化的問題。新型的學習中心，給父母們提供了一個重要的學習機會和成長平台。

教育，不是簡單地教育孩子，更是父母的自我教育。成長，不僅是孩子的事情，更是父母的事情。沒有父母的學習，永遠不可能有孩子的成長。「父母好好學習，孩子天天向上。」父母成為學習者，與孩子一起成長，才是教育最美麗的風景，才是父母最美好的人生姿態，更是未來學習中心最顯著的特徵。

第九章

學習中心，需要政府幹甚麼？

在本書的最後一章，我要單獨説説政府的角色問題。

之前我説過，未來學習中心的學習，會越來越自由，越來越個性化，越來越多元化。

於是，有朋友問我：朱老師，這種情況下，還需要政府嗎？需要教育主管部門的管理嗎？

我很奇怪，為甚麼會問這樣的問題呢？

這個朋友自己也覺得突兀。我想，這個朋友之所以這麼問，不是沒有原因的，或許在他潛在的意識中，「自由」「個性」「多元」就等於不要政府，不要教育主管部門。

過去，我們周圍的一部分媒體，一部分自由主義者，喜歡哈耶克之類思想家的觀點，對「通往奴役之路」的政府干預，總有或多或少的擔心。

我覺得，沒有擔心的必要。到今天為止，我們還沒有看到哪個國家可以沒有政府，哪個政府可以對教育不管不問。

坦率地說，未來的學習中心為甚麼需要政府的介入，這個問題，沒有討論的必要。

在不久的將來，未來學習中心會有「井噴式」的成長，各種形式的學習中心會如雨後春筍般快速發展。在學習中心體系建立之初相當長的一段時間內，會遭遇到前所未有的「混亂」與「迷茫」。這個時候，尤其非常需要政府的有效治理，更需要政府的審時度勢。

所以，教育主管部門介入的必要性，我們不討論。

我們在這裡要討論的，是未來的學習中心需要教育主管部門代表政府幹甚麼。

要優化教育資源配置，推進教育公平嗎？

當然。

要簡政放權，激發地方和民間教育活力嗎？

當然要。

要全面實施「管、辦、評」分離，建立現代教育體制嗎？

當然也要。

但是，這些宏觀層次上的觀點，我過去說過多次，就不在這裡重複了，下面我想簡單講幾個具體的事項。

制定國家教育標準，劃定底線，降低學習難度

制定基本教育標準

政府要做的第一件事情，就是要建立內容難度適宜、體現國家意志的國家教育標準。

學習方式的變革，會對學習內容提出更高的要求。教育越是自由，越是定制化，越是個性化，就越是需要建設高效優質的學習中心，越是需要國家力量的整合。

教育是精選先進文化進行傳授。教育首先要傳授我們這個國家、我們這個民族所崇尚的價值觀。國家有責任承擔起這個選擇，必須建立國家教育標準。

國家教育標準要科學，但也應該更個性化，有最低限度的要求。

現在，我們的課程標準和教育內容太深、太難，我們要求學生的知識結構太龐大、太艱深了，造成了大部分的學生是在陪着少部分的學生學習。

在未來，要打破這種模式，國家只需要給一個最基本的要求就可以了，關鍵是保證正確的價值觀和基本的讀寫能力。

我們可以看到，教育領域的很多問題，首先就是因為我們的標準有問題。

從補短教育走向揚長教育

在國家教育標準制定的過程中，一個重要的方向就是降低整體學習難度，只有降低難度，未來學習中心的學習內容才有可能從補短教育走向揚長教育。

現在的教育很大程度上是補短的，用一個最高的標準要求所有的人，讓每個人都學習得很痛苦，都覺得自己離標準有很大的距離，需要補短。這樣一種補短教育，會不斷用比你更強的人來壓迫你、教訓你，把你壓得喘不過氣來。

揚長教育則會讓一個人不斷地挖掘自己的潛能，讓自己變得更有自信。

教育應該讓人變得更幸福，更幸福的前提應該是更有學習自信。所以我建議，未來要大幅度降低學習內容的整體難度，尤其是數理化學習的難度。

有人很擔心，問我：朱老師，降低學習難度會不會影響國民素質？

其實完全不必擔心。

你看，美國學生的平均數學水平比中國學生差許多，但是尖端的

數學家數量一點也不比我們少。

這樣做，才能讓大部分學生騰出最大的空間學習與他們的生活生命關係更加密切的知識與技能。

這樣做，也才能讓那些天才學生通過個性化學習，定制自己的課程，學習更多的東西。

這個道理一點都不複雜，降低了學習的難度，大部分學生就會有更多的選擇性和用於自由發展的最大的空間，從而按照自己的志趣進行學習。

當裁判員，當採購員

認定合格的學習中心，採購培訓機構的公共服務

未來社會將進入一個能者為師的時代，不同的學習中心將會如雨後春筍一般湧現，而在初期，良莠不齊、魚龍混雜也是必然會出現的現象。一方面，需要市場自身的檢驗，優勝劣汰；另一方面，也需要政府的認定檢查，鑒別合格與不合格、優秀與卓越。政府應通過信息公開的方式，為公眾選擇學習中心提供資訊。

同時，各種民間的培訓機構，將轉變為相應的學習中心。政府在鑒別之後，對於合格的、優秀的學習中心（培訓機構），就可以採取

政府採購的方式購買服務，為公眾提供更多的學習資源和更多的選擇空間。

建立網絡教育資源平台，採購全世界最優秀的課程資源

定了標準以後，提供甚麼樣的教學資源就顯得非常重要了。

應該舉全國之力，把全世界最好的資源（包括國內外民間教育機構甚至個人開發的各種最優秀的資源）整合在國家的教育平台上。未來學習中心的資源配置，一定是在全球範圍內進行的，一定是在分工基礎上的跨國合作。

現在來看，教育資源配置存在兩方面問題：一方面是教育資源投入不足，另一方面是存在大量的資源浪費。每個省、每個市、每個縣、每個學校都去建自己的教育平台，都去建自己的資源中心，都去開發自己的課件，都去找當地的名師錄製課程，各級政府與教育行政部門重複性、無效性的投入太多。

同時，一些重要的網絡教育機構，如科大訊飛、學堂在線、好未來等，也在開發相同的課程，那麼多的投入，太浪費了。

由此，我想到了可汗學院。可汗學院始於孟加拉裔美國人可汗先生輔導他的表妹學習。2004 年，可汗 12 歲的表妹在一次數學考試中遭遇失敗，於是向她的「數學天才」表哥求助。可汗通過聊天軟件、互動寫字板和電話，幫助表妹解決了數學的難題，有效地提高了她的

數學成績。沒有想到從此一發不可收拾，許多親朋好友的孩子前來求助。於是他把自己的數學輔導材料製作成視頻，放到 YouTube 網站上。在好評如潮的情況下，他於 2006 年創辦了可汗學院。

到 2012 年可汗出版《翻轉課堂的可汗學院》時，他們每個月已經向 600 萬學生提供教育，而且每年以 400% 的速度持續增長。教學視頻的點擊量 2012 年超過 1.4 億次（2014 年已經達到 3.55 億次，到現在為止的數字應該超過 10 億）。可汗學院提供教學視頻、練習習題和個性化的學習界面，讓學習者能夠在課堂內外按照自己的進度開展學習。學院的教學內容涉及數學、科學、計算機編程、歷史、藝術史、經濟學等，其中數學方面的內容涵蓋了從幼兒園的基礎知識到大學的微積分，並採用了先進的可識別學習強度和學習障礙的自適應技術。可汗學院還和美國國家航空航天局、紐約現代藝術博物館、加利福尼亞州科學院和麻省理工學院等機構合作，提供特定的專業內容。

目前，可汗學院已經成長為擁有約 150 名員工的全球性教育機構。在可汗學院的網站上，我們可以看到這樣的理念：「我們能夠學習任何知識。」他們的使命是為世界各地的人提供免費的、一流的、適用於各個年齡層的個性化學習資源。每天都有來自世界各地的數百萬學生，按照自己的進度在可汗學院學習。俞敏洪就介紹過，他的兒子就是可汗學院的忠實學生。值得一提的是，可汗學院的內容資源已經被翻譯成 30 多種語言。2017 年 8 月，可汗學院正式入駐優酷教

育頻道，並且上傳了根據 K-12 人教版的數學教材製作的教學視頻。

我一直希望我們能夠有一個類似於可汗學院的國家教育資源平台。這就需要國家組織專業團隊，用先進的網絡技術把資源整合起來，使死資源變成活資源，把靜態的課程變成動態的課程。全國，乃至全世界的學生都可以通過我國的教育資源平台學習。

提供基本的公共服務

提供考試與評價的基本的公共服務

我們現在的評價不是為了改進，而是為了貼標籤，是為了選拔，為了淘汰。

這樣的考試評價機制必須有變化。

未來的評價主要不是為了鑒別，而是為了改進。

在學習的早期過程，可以用大數據的概念，自動記錄學生的學習過程，作為評價的依據。

在記錄過程的同時，要發現這個學生的知識點缺陷，及時幫助他改進。同時，未來的考試評價會更加重視實際能力而淡化文憑學歷。

未來的大學也可能出現全新的模式，可以不限制上大學的地點，也不管你在上甚麼大學，只要你能夠通過嚴謹而且經過國際認證的

評估，來證明你自己對某一理論的理解和精通，就可以進入社會找到工作。

如果是這樣的話，教育會發生甚麼變化呢？

目前基於互聯網的教育評價從技術上講已經沒有障礙，人臉識別技術、大數據、雲計算等都可以最大限度提高考試評價的效度與信度，杜絕弄虛作假和作弊行為。

政府參與組建的新的學分銀行體系，會對學習者的學習過程與結果進行全方位的評價，這是未來學習中心運行的前提。政府的重要工作就是對學分銀行進行全面的監管，保障評價的科學性、公正性和有效性。

「管、辦、評」分離

教育行政部門集管理權、辦學權、評價權於一身，「管、辦、評」一體化，使教育體制呆板單一、缺乏競爭、沒有活力。

由於教育行政部門既是教練員，又是領隊、裁判員、運動員，權力過大，壟斷性太強，又缺乏相應的監督和評價，所以很多教育問題難以及時糾正。

這是我們過去的問題，也是今天依然存在的問題，這個問題的解決，當然不是寫一篇論文、寫一本書這麼簡單。

問題的存在，有着現實環境的合理性，沒有環境的改變，喊改革

是沒有意義的。我想，未來學習中心會為我們呼喚已久的改革，提供良好的外部環境。

我們說，教育體制改革，首先要處理好政府、學校、市場三者之間的關係，具體有三種不同的模式。比如，歐洲比較重視學校、學術的力量，美國比較重視市場的力量，中國比較重視政府的力量，各有各的特點。

我們應該多借鑒一些歐美國家教育的經驗，充分尊重學術和市場的力量，將教育體制改革的目標定位於建立一個充滿活力、運作規範的教育秩序，形成一種服務型的教育行政部門和機構。尊重學校的辦學自主權，保證學校依法自主辦學，實行民主管理，由懂教育的教育家辦學，讓教育真正成為「一池活水」。

在未來，教育行政部門應該把公立學習中心的舉辦權交出去，交給各級政府，交給民間力量，會出現大量由社會教育機構乃至個人舉辦的中國特色的「學習中心」；同時把評價學習中心的權力交出去，交給第三方機構。這樣，就真正實行了「管、辦、評」分離，教育行政部門可以集中精力從事教育管理與服務。

未來學習中心原則上分為公辦和民辦（含混合所有制學校、股份制學校等）兩種類型，前者為政府公共財政撥款，後者為民間資金投入。政府可以通過購買公共產品服務的方式支持民辦學習中心，也可以通過託管的方式將公辦學習中心交給民間管理。這樣，教育行政部

門不再有自己的「親兒子」（直屬學習中心）、「乾兒子」（公辦學習中心）和「野兒子」（民辦學習中心）之分，而能一視同仁地進行管理。

在未來，對學習中心的管理將變過程管理為結果管理。改變現在教育行政部門對教育過程管理具體入微、過於瑣碎的現狀，建立起變過程管理為結果管理的新體制，將過程管理的權力交給學習中心的自治管理機構，如學習中心的學術委員會、家校合作委員會等。校長也要把相應的權力還給教師，讓教師有更多的教學自主權。

在未來，全國統一的文憑頒發制度將正式取消。教育行政部門不再直接頒發畢業證書與學位證書，改由學習中心直接頒發自己的課程證書，對自己的辦學質量負責，並且接受教育行政部門和社會的評估和監督。

尾聲

未來從此刻開始

就在完成了《未來學校》的初稿後不久，我讀到了《終身幼兒園》一書。這位名叫雷斯尼克的美國學者撰寫的這本著作，讓我又一次有了他鄉遇故知的感覺。

作者在書中呼籲，要打破學科、年齡、空間、時間上的諸多壁壘，和我所設想的未來學習中心的部分構想，非常相似。

事實上，對未來教育的嚮往與勾勒，一國又一國、一代又一代的學者們，從來沒有停止過。僅僅在本書寫作的前後，我就讀到了很多此類著作：《去學校化社會》《讓學校重生》《混合式學習：用顛覆式創新推動教育革命》《翻轉課堂的可汗學院：互聯時代的教育革命》《大學的終結：泛在大學與高等教育革命》……

可是，我們不得不承認，未來的教育，只是一幅藍圖，在不斷被描繪，不斷被修訂，卻並沒有真正成為一幢教育大廈，成為讓理想棲居的現實。

有的學者認為，之所以會產生這樣的結果，之所以教育停滯不前、學校固守傳統，根本原因在於僵化的教育制度，在於教育沒有發生結構性變革。因為教育工作者的思維模式在一代又一代沿襲，仍然是工業時代裡的思維模式。受到這樣的慣性思維模式影響，制定出的教育制度、所指導的教育行動，都仍然是傳統的，自然無法適應新時代的需求，也就無法真正讓未來到來。

《終身幼兒園》一書的作者為此在書中甚至寫道：「事實證明，教

育制度頑固地抵制着變革⋯⋯即使新技術已經進入學校，大多數學校的核心教育結構和戰略基本還是沒有改變，仍然停留在裝配流水線的思維模式中，與工業社會的需求和發展過程保持一致。」

但是，我認為，制度作為推動群體工作的有效組織方法，固然是不可忽視的一個方面，但對每一個教育工作者而言，從個體上探索如何推進未來學習中心的建設，才是最細微也是最深入、最有效的重新定義教育之法。

從個體而言，教育的根本問題還是在於理論與實踐之間的鴻溝。在世界範圍內，我們都可以發現，能夠把先進教育理論轉化為實踐，尤其是轉化為一線教師的行動，將是一個格外艱難也非常漫長的過程。新教育實驗正是在這樣的全人類教育的困境中，以教師成長為起點，以「十大行動」為路徑，在歷時 19 年的探索中，以彌補理論和實踐的鴻溝為目標，進行着持久而深入的努力。

我一直堅信，之所以會有未來，恰恰是因為我們現在行動上的創造。從這個意義而言，未來學校與其說是在未來存在的學校，不如說是我們現在要去努力築造的學校。這才是我寫作《未來學校》一書的真正目的所在。

所以，以描述未來學習中心來重新定義教育，歸根結底並不是為了描繪一幅藍圖，而是為了梳理一條行動的路徑。在行動的過程之中，任何藍圖都可以繼續修訂，可我們當下的行動，才是真正的未來。

我曾經呼籲中國應該設立「國家閱讀節」，為了這個心願，我每年呼籲，迄今已有 16 年。16 年中，許多人詢問：如果中國一直沒有設立「國家閱讀節」，你會一直呼籲下去嗎？我回答，是的，只是我呼籲的根本目標，其實並不是執着於一定要成立這個節日，而是希望全社會各個方面都能意識到閱讀的重要性，從而更好地推動全民閱讀。

同理，梳理出這樣一條通往未來學習中心的路徑，其實並非把願景放到明天。我們只有把指向未來的美好心願，傾注到當下的生活中，落實到點點滴滴的言行之中，才能創造無限美好的今天。如果今天的每一個人，在教育之中，都真正擁有着幸福完整的教育生活，那麼就在當下，我們就已經擁有了無限美好的未來。

以未來照亮現實，是我們這一代教育人的使命。

我相信，教育在走向未來的過程中，經過一代又一代的創新，一人又一人的行動，新的美好萬物，將會因此而來。

主要參考與引用文獻

　　在寫作本書的過程中，我閱讀了大量的關於教育理論、學習科學、人工智能、互聯網、遊戲等領域的著作與論文。為了閱讀的便利，書中沒有一一標明原文出處，在此用「主要參考與引用文獻」的方式說明，謹向所有圖書與論文的作者表示誠摯的謝意。

圖書部分

[1] 伊萬·伊利奇. 去學校化社會（漢英雙語版）[M]. 吳康寧，譯. 北京：中國輕工業出版社，2017.

[2] 肯·羅賓遜，盧·阿羅尼. 讓學校重生 [M]. 李慧中，譯. 浙江：浙江人民出版社，2017.

[3] 邁克爾·霍恩，希瑟·斯泰克. 混合式學習：用顛覆式創新推動教育革命 [M]. 聶風華，徐鐵英，譯. 北京：機械工業出版社，2015.

[4] 薩爾曼‧可汗. 翻轉課堂的可汗學院：互聯時代的教育革命 [M]. 劉婧，譯. 浙江：浙江人民出版社，2014.

[5] 凱文‧凱里. 大學的終結：泛在大學與高等教育革命 [M]. 朱志勇，韓倩，等譯. 北京：人民郵電出版社，2017.

[6] 阿蘭‧柯林斯，理查德‧哈爾弗森. 技術時代重新思考教育：數字革命與美國的學校教育 [M]. 陳家剛，程佳銘，譯. 上海：華東師範大學出版社，2013.

[7] 聯合國教科文組織編. 反思教育：向「全球共同利益」的理念轉變？[M]. 聯合國教科文組織總部中文科，譯. 北京：教育科學出版社，2017.

[8] 王作冰. 人工智能時代的教育革命 [M]. 北京：北京聯合出版公司，2017.

[9] 車品覺. 數據的本質：無人不是分析師 [M]. 北京：北京聯合出版公司，2017.

[10] 魏忠. 教育正悄悄發生一場怎樣的革命 [M]. 上海：華東師範大學出版社，2016.

[11] 于永昌，劉宇，王冠喬. 大數據時代的教育 [M]. 北京：北京師範大學出版社，2015.

[12] 托尼‧瓦格納. 教育大未來 [M]. 余燕，譯. 北京：南海出版社，2013.

[13] 朱永新，袁振國，馬國川主編. 人工智能與未來教育 [M]. 太原：山西教育出版社，2018.

[14] 泰德・丁特史密斯 . 未來的學校 [M]. 魏薇，譯 . 浙江：浙江人民出版社， 2018.

[15] 維克托・邁爾 – 舍恩伯格 . 大數據時代：生活、工作與思維的大變革 [M]. 周濤，譯 . 浙江：浙江人民出版社， 2012.

[16] 維克托・邁爾 – 舍恩伯格，肯尼思・庫克耶 . 與大數據同行：學習和教育的未來 [M]. 趙中建，張燕南，譯 . 上海：華東師範大學出版社， 2015.

[17] 拉塞爾・ L・夫，丹尼爾・格林伯 . 翻轉式學習：21 世紀學習的革命 [M]. 楊彩霞，譯 . 北京：中國人民大學出版社， 2014.

[18] 傑里米・里夫金 . 第三次工業革命：新經濟模式如何改變世界 [M]. 張體偉，孫豫寧，譯 . 北京：中信出版社， 2012.

[19] 台灣《親子天下》雜誌編輯部 . 翻轉教育：未來的學習、未來的學校、未來的孩子 [M]. 台北：天下雜誌股份有限公司， 2013.

[20] 阿曼達・里普利 . 世界上最聰明的孩子 [M]. 王少博，譯 . 北京：中信出版集團， 2015.

[21] 楊劍飛 .「互聯網 + 教育」：新學習革命 [M]. 北京：知識產權出版社， 2016.

[22] 路易斯・斯托爾，迪安・芬克 . 未來的學校：變革的目標與路徑 [M]. 柳國輝，譯 . 北京：北京大學出版社， 2010.

[23] 王晨，劉男 . 互聯網 + 教育：移動互聯網時代的教育大變革 [M]. 北京：中國經濟出版社， 2015.

[24] 瓦萊麗・漢農，薩拉・吉林森，莉奧妮・香克斯 . 學以致用：

世界教育趨勢及令人振奮的實踐 [M]. 瑞薩攝，劉海粟，譯 . 北京：中國人民大學出版社，2016.

[25] 格雷厄姆‧布朗－馬丁 . 重新想像學習：互聯社會的學習變革 [M]. 紐莎‧塔瓦科利恩攝，徐曉紅，譯 . 北京：中國人民大學出版社，2016.

[26] 格雷格‧托波 . 遊戲改變教育：數字遊戲如何讓我們的孩子變聰明 [M]. 何威，諸萌萌，譯 . 上海：華東師範大學出版社，2017.

[27] 卡爾‧羅傑斯，傑羅姆‧弗賴伯格 . 自由學習（第三版）[M]. 王燁暉，譯 . 北京：人民郵電出版社，2015.

[28] 吳軍 . 智能時代：大數據與智能革命重新定義未來 [M]. 北京：中信出版集團，2016.

[29] 喬根‧蘭德斯 . 2052：未來四十年的中國與世界 [M]. 秦雪徵，譚靜，葉碩，譯 . 江蘇：譯林出版社，2013.

[30] 查理斯‧里德比特 . 可複製的教育創新：改變世界的重要力量 [M]. 羅曼‧斯塔羅斯‧斯塔羅普利攝影，李茂，譯 . 北京：中國人民大學出版社，2016.

[31] 湯姆‧斯丹迪奇 . 維多利亞時代的互聯網 [M]. 多綏婷，譯 . 江西：江西人民出版社，2017.

[32] 托德‧卡什丹 . 好奇心 [M]. 譚秀敏，譯 . 浙江：浙江人民出版社，2014.

[33] 阿萊克斯‧彭特蘭 . 智慧社會：大數據與社會物理學 [M]. 汪小

　　帆，汪容，譯．浙江：浙江人民出版社，2015.

[34] 克萊頓‧克里斯坦森，邁克爾‧霍恩、柯蒂斯‧約翰遜．創新者的課堂：顛覆式創新如何改變教育 [M]. 李慧中，譯．北京：中國人民大學出版社，2015.

[35] 托尼‧瓦格納，泰德‧丁特史密斯．為孩子重塑教育：更有可能成功的路 [M]. 魏薇，譯．浙江：浙江人民出版社，2017.

[36] 尤瓦爾‧赫拉利．未來簡史：從智人到智神 [M]. 林俊宏，譯．北京：中信出版社，2017.

[37] 丹尼爾‧平克．全新思維：決勝未來的 6 大能力 [M]. 高芳，譯．浙江：浙江人民出版社，2013.

[38] 戴維‧珀金斯．為未知而教，為未來而學：甚麼才是有價值的學習 [M]. 楊彥捷，譯．浙江：浙江人民出版社，2015.

[39] 安索尼‧克龍曼．教育的終結：大學何以放棄了對人生意義的追求 [M]. 諸惠芳，譯．北京：北京大學出版社，2013.

[40] 陳建翔，王松濤．新教育：為學習服務 [M]. 北京：教育科學出版社，2002.

[41] 肯‧羅賓遜，盧‧阿羅尼卡．讓天賦自由：用激情改變你的世界 [M]. 李慧中，譯．北京：中信出版社，2010.

[42] 蘇珊‧平克．村落效應：為甚麼在線時代，我們必須面對面重新連接？[M]. 青塗，譯．浙江：浙江人民出版社，2017.

[43] 肯‧羅賓遜，盧‧阿羅尼卡．發現你的天賦：天分與熱情成就幸福人生 [M]. 李慧中，譯．浙江：浙江人民出版社，2015.

[44]　埃德加・莫蘭. 複雜性理論與教育問題 [M]. 陳一壯, 譯. 北京: 北京大學出版社, 2004.

[45]　方帆. 給學生無限可能: 細說美國教育 [M]. 北京: 中國人民大學出版社, 2016.

[46]　德里克・博克. 大學的未來: 美國高等教育啟示錄 [M]. 曲強, 譯. 北京: 中國人民大學出版社, 2017.

[47]　楊瀾. 人工智能真的來了 [M]. 江蘇: 江蘇鳳凰文藝出版社, 2017.

[48]　漢娜・格林伯格, 敏絲・薩朵夫斯基, 丹尼爾・格林伯格. 瑟谷學校傳奇 1: 童年的王國 [M]. 章雙, 賈思婷, 譯. 上海: 華東師範大學出版社, 2017.

[49]　丹尼爾・格林伯格, 敏絲・薩朵夫斯基, 傑森・蘭帕卡. 瑟谷學校傳奇 2: 瑟谷學校畢業生 [M]. 鮑同梅, 陳家剛, 譯. 上海: 華東師範大學出版社, 2017.

[50]　瑪麗亞・哈迪曼. 腦科學與課堂: 以腦為導向的教學模式 [M]. 楊志, 譯. 上海: 華東師範大學出版社, 2018.

[51]　吳康寧. 重新發現大學 [M]. 南京: 南京師範大學出版社, 2017.

[52]　吳康寧. 重新發現教師 [M]. 南京: 南京師範大學出版社, 2017.

[53]　劉鐵芳. 追尋生命的整全: 個體成人的教育哲學闡釋 [M]. 北京: 高等教育出版社, 2017.

[54]　米切爾・雷斯尼克. 終身幼兒園 [M]. 趙煜鯤, 王婉, 譯. 浙江: 浙江教育出版社, 2018.

[55] 朱永新 . 新教育實驗：為中國教育探路 [M]. 北京：中國人民大學出版社， 2017.

文章部分

[1] 楊斌 . 網絡「原住民」創造未來教育 [N]. 光明日報， 2016-12-16.

[2] 趙婀娜 . 互聯網＋教育≠將教育簡單搬到網上 [N]. 人民日報， 2017-09-14.

[3] 顧遠 . 教育創新：未來就業誰還需要那一紙文憑？ [N]. 21 世紀經濟報道， 2016-01-29.

[4] 騰訊研究院 . 經濟新常態下互聯網內容產業新生（內部報告） [N]. 2017-06.

[5] 楊念魯等 . 遇見未來學校 ── 供給側改革背景下的辦學探索 [N]. 光明日報， 2016-08-02.

[6] 余宏亮 . 數字時代的知識變革與課程創新 [J]. 課程教材教法， 2017(3).

[7] 黃蔚，徐禾 . 遊戲化學習：以生為本的「催化劑」[N]. 中國教育報， 2017-02-18.

[8] 陳智勇 . 網上學校和課程重塑美國教育 [N]. 中國教育報， 2014-05-28.

[9] 褚國飛 . 新技術：美國高教變革的「啟動鍵」[N]. 中國社會科學

報，2015-03-26.

[10]　西班牙《阿貝賽報》. 創新性「21 世紀學校」悄然出現 [N]. 參考消息，2017-03-04.

[11]　方海光 . 未來學習會是甚麼樣子？[N]. 中國教育報，2017-04-19.

[12]　李贈華 . 未來學校的那些事 —— 遇見未來教育 [J]. 未來教育家，2017(12).

[13]　葉忠 . 開展大數據應用 [N]. 中國教育報，2017-09-20.

[14]　袁振國 . 未來對教育內容的挑戰 [N]. 中國教育報，2017-08-02.

[15]　袁振國 . 未來對教育手段的挑戰 [N]. 中國教育報，2017-08-09.

[16]　袁振國 . 未來教育對教師的挑戰 [N]. 中國教育報，2017-08-16.

[17]　袁振國 . 為甚麼把目光投向 2030[N]. 中國教育報，2017-07-05.

[18]　袁振國 . 未來教育對學習者的挑戰 [N]. 中國教育報，2017-08-30.

[19]　袁振國 . 教育正在和將要發生的變化 [N]. 中國教育報，2017-07-19.

[20]　袁振國 . 未來對教育管理的挑戰 [N]. 中國教育報，2017-09-06.

[21]　袁振國 . 未來已來，將至已至 —— 走向 2030 年的教育 [N]. 中國教育報，2017-12-27.

[22]　陶西平 . 在交流與借鑒中創新 [N]. 人民政協報，2016-08-03.

[23]　郭帥 .「互聯網 +」教育走向談 [N]. 人民政協報，2017-11-22.

[24]　黃家驊 . 人工智能重構未來學校 [N]. 中國教育報，2017-09-21.

[25] 吳砥，余麗芹．大數據推進教育深度變革 [N]. 中國教育報，2017-09-21.

[26] 倪浩．湖畔大學，不是來教你掙錢的 [N]. 環球時報，2017-06-24.

[27] 劉三女牙．大數據開啟個性化教育新時代 [N]. 中國教育報，2017-03-05.

[28] 田愛麗．慕課平台促進區域教育公平 [N]. 中國教育報，2016-12-23.

[29] 楊東平．探底台灣創新教育 [N]. 南方週末，2018-02-01.

[30] 王馥芳．共享教育學 —— 教育科學發展新趨勢 [N]. 中國教育報，2017-09-07.

[31] 唐科莉．世界教育發展的進步與挑戰 [N]. 中國教育報，2016-09-23.

[32] 侯蕾，羅悅軒．2017 風雲人物：機器人每天都更聰明 [N]. 亞洲週刊，2017-12-24.

[33] 今日教育編輯部．教育迎接人工智能時代 [J]. 今日教育，2017(9).

[34] 溫淑萍．被機器人替換？外科醫生們的焦慮 [N]. 經濟觀察報，2017-06-07.

[35] 劉周岩．未來學校：如何讓孩子成為「未來之人」[J]. 三聯生活週刊，2018(50).

[36] 胡衛平，首新，陳勇剛．中小學 STEAM 教育體系的建構與實

踐 [J]. 華東師範大學學報（教育科學版），2017(4).

[37] 魏曉東，於冰，于海波 . 美國 STEAM 教育的框架、特點及啟示 [J]. 華東師範大學學報（教育科學版），2017(4).

[38] 黃瑞 . STEM 教育：着眼未來的人才培養 [J]. 今日教育，2017(10).

[39] 劉玲，戴金芮 . STEM 教育落地中國：問題與對策 [J]. 今日教育，2017(10).

[40] 余勝泉，胡翔 . STEM 課程的跨學科整合莫善於基本取向 [J]. 今日教育，2017(10).

[41] 周紅霞 . 新時代的教育應當發揮新作用 [N]. 中國教育報，2016-07-22.

[42] 關松林 . 發達國家中小學科學教育的經驗與啟示 [J]. 教育研究，2016(12).

[43] 楊志成 . 素質教育進入未來課程時代 [N]. 中國教育報，2018-09-12.

[44] 許琦敏 . 人腦比人工智能聰明 1 億倍 [N]. 文匯報，2017-08-30.

[45] 倪秀 . 技術加教育如何 1+1>2[N]. 中國教育報，2017-04-19.

[46] 張茂聰 . 開放學習資源「與社會打成一片」[N]. 中國教育報，2015-05-14.

[47] 丁雅誦 . 中國慕課，與世界一流比肩 [N]. 人民日報，2018-01-16.

[48] 丁雅誦 . 在線教育，打開你的知識空間 [N]. 人民日報，2018-

01-23.

[49] 徐默凡 . 人工智能評判學生作文，靠譜嗎？[N]. 文匯報，2017-12-08.

[50] 李政濤 . 人工智能時代：教育的「變與不變」[N]. 人民政協報，2017-11-01.

[51] 第四屆中國教育創新年會文集 . 未來：重構學校 [J]. 新校長，2018(1).

[52] 吳軍 . 人工智能無法取代創造性工作 [J]. 中國改革，2017(5).

[53] 任鵬等 . 人工智能時代，教育的變與不變 [N]. 光明日報，2017-07-22.

[54] 潘葦航，潘新和 . 明日教育如何面對人工智能的挑戰 [N]. 中國教育報，2017-09-28.

[55] 黃文 . 未來迎面而至，我們做好準備了嗎？[N]. 中國教育報，2017-11-09.

[56] 王凱 . 人工智能應成為促進教育進化的良藥 [N]. 中國教育報，2017-12-19.

[57] 夏天 . 人工智能翻譯來了，我們還要學外語嗎？[N]. 文匯報，2017-09-03.

[58] 丁鋼 . 面向現實和未來，教育需要向共享教育的理念轉化 [N]. 光明日報，2017-08-08.

[59] 張惠娟 . 遊戲！遊戲？——一場電子遊戲和成長的「戰爭」[N]. 人民政協報，2017-07-26.

[60] 周飛．人工智能來了，教育該怎麼辦 [N]. 文匯報，2017-11-24.

[61] 趙婀娜．上課，讓在線好比見面 [N]. 人民日報，2017-09-21.

[62] 趙婀娜．比技術更重要的，是教育理念 [N]. 人民日報，2017-10-26.

[63] 謝鵬．互聯網會橫掃一切行業嗎？[N]. 南方週末，2016-12-29.

[64] 任友群．教育信息化進入創新發展新時代 [N]. 中國教育報，2018-01-13.

[65] 黃榮懷．人工智能在教育有多少潛力可挖 [N]. 中國教育報，2018-01-13.

[66] 魯白．人工智能時代教育如何定位？[N]. 人民政協報，2017-07-26.

[67] 謝文怡．中國在線教育：格局與發展 [J]. 中國教育財政，2015(8-11).

[68] 郭文革．大型私人在線課程（MPOC）：北京大學在線教師培訓項目的設計與實踐 [J]. 中國教育財政，2015(8-11).

[69] 王竹立．網絡教育：困局與出路 [N]. 中國教育報，2017-11-18.

[70] 北京開放大學地平線報告 K12 項目組．未來五年，學校面臨哪些新挑戰 [N]. 現代教育報，2017-10-25.

[71] 齊林泉．世界管理學大師彼得·聖吉暢談系統思考與未來教育——教育要為想像不到的未來做準備 [N]. 中國教育報，2017-04-19.

[72] 英國《經濟學人》週刊．終身學習讓人們成技術變革贏家 [N]. 參

考消息，2017-01-16.

[73] 張禎希 . 遊戲，或將成最有趣教科書 [N]. 文匯報，2017-02-10.

[74] 徐飛 . 數字化時代的大學再造 [N]. 文匯報，2016-06-03.

[75] 胡佳佳，吳海鷗 . 聯合國教科文組織發佈「教育 2030 行動框架」── 描畫全球未來教育的模樣 [N]. 中國教育報，2015-11-15.

[76] 俞獻林 . 大數據是未來教師的加速器 [J]. 教師月刊，2017(5).

[77] 葛鏊鏊 . 告訴你一個關於大數據與人工智能的真相：數據化對各行業的衝擊，比預想的更猛烈 [N]. 文匯報，2017-03-31.

[78] 鄭燕林 . 大數據讓學生不再成為「隱形人」[N]. 中國教育報，2017-02-27.

[79] 王慶環 . 我們的慕課是否「待字閨中」[N]. 光明日報，2017-03-28.

[80] 張舒 .「自由教師」生存現狀 [N]. 作家文摘，2017-10-27.

[81] 孟憲忠 . 我們需要甚麼樣的教育變革？[N]. 文匯報，2017-04-14.

[82] 呂莉 .「微課程」模式的啟示 [N]. 中華讀書報，2013-06-26.

[83] 解豔華 . 互聯網教育下一站？[N]. 人民政協報，2017-04-12.

[84] 張力 . 人工智能與未來職業 [J]. 網絡輿情，2017(81).

[85] 殷櫻，倪秀 . 在線教師火熱，帶來了甚麼？[N]. 中國教育報，2016-09-20.

[86] 阮一峰 . 互聯網會讓大學消 失嗎 ?[J]. 財經週刊，2015(9).

[87] 萬瑋 . 智能化時代，我們需要怎樣的教師 [N]. 文匯報， 2017-09-18.

[88] 克里斯蒂娜・帕克森 . 融合知識攜手社會，「參與式大學」來了！ [N]. 文匯報， 2017-07-28.

責任編輯	陳　菲
書籍設計	林　溪
排　版	周　榮
印　務	馮政光

書　名	未來學校 —— 重新定義教育
作　者	朱永新
出　版	香港中和出版有限公司 Hong Kong Open Page Publishing Co., Ltd. 香港北角英皇道 499 號北角工業大廈 18 樓 http://www.hkopenpage.com http://www.facebook.com/hkopenpage http://weibo.com/hkopenpage Email: info@hkopenpage.com
香港發行	香港聯合書刊物流有限公司 香港新界大埔汀麗路 36 號 3 字樓
印　刷	中華商務彩色印刷有限公司 香港新界大埔汀麗路 36 號中華商務印刷大廈
版　次	2020 年 2 月香港第 1 版第 1 次印刷
規　格	32 開（148mm×205mm）256 面
國際書號	ISBN 978-988-8466-37-5